Carl Torma

Inschriften aus Dacia, Moesia Superior und Pannonia Inferior

Carl Torma

Inschriften aus Dacia, Moesia Superior und Pannonia Inferior

ISBN/EAN: 9783743696631

Hergestellt in Europa, USA, Kanada, Australien, Japan

Cover: Foto ©ninafisch / pixelio.de

Weitere Bücher finden Sie auf **www.hansebooks.com**

Inschriften

aus

Dacia, Moesia superior und Pannonia inferior.

Von

Carl Torma.

Separat-Abdruck aus Band VI Heft II der archäol.-epigr. Mitth. aus Oesterreich.

WIEN

Selbstverlag des Verfassers. — Druck von Carl Gerold's Sohn.

1882.

Die Inschriften-Suite, die ich im Folgenden mittheile, ist das Ergebnis meiner im Gebiete von Dacien, Moesia superior und Pannonia inferior in den Jahren 1880—1882 gemachten Untersuchungen. Meine Suite beweist, dass die Gefilde dieser römischen Provinzen (unerschöpflich an wichtigen inschriftlichen Denkmälern) fast alljährlich eine Fülle des Materials liefern, die werth genug wäre den Gegenstand einer steteren, eingehenderen und ich muss hinzufügen, allseitigeren Forschung zu bilden. Die Kräfte eines einzigen Mannes sind kaum hinreichend, der Masse der fast täglich vorkommenden Funde gerecht zu werden. Seit dem Ableben des um die Epigraphik Daciens hochverdienten C. Gooss fiel die ganze vordem zwischen uns getheilte Last des Sammelns inschriftlicher Denkmäler Daciens fast ausschliesslich auf mich, der leider kaum im Stande sein kann, das gebotene Material zu bewältigen. Muss ich doch einsehen, dass der nöthigen Arbeit in dieser Hinsicht *non valent humeri*. Bis mich aber jemand ablöst bleibe ich auf der Wacht und suche und verzeichne unermüdlich alles, was unserer Disciplin nützlich sein kann.

Karlsburg.

(C. I. L. III p. 182.)

1. C. I. L. III n. 1071. In den im Karlsburger Capitular-Archiv (*Irregestrata*) befindlichen handschriftlichen Aufzeichnungen des Zamosius (Stefan Szamosközi) finde ich zu der Copie dieser Inschrift von Zamosius' Hand Folgendes angemerkt '*In templo Albensi maiori prope sepulturam Francisci Varday Episcopi, lapis parieti insertus*'.

```
            IVNONI REGINAE
                MINERVAE
            L · ANNIVSITALICVS
            HONORATVS LEG ·
     5      AVG · LEG · XIII · GEM ·
            ANTONINIANAE
            PRAEF · AERARII
sic         MILITANTIS SODALES
sic         HADRIANVS SECVNDVS
    10      . . . . . . TORQVATA
            SVAE . . . . . 'caetera legi n̄o p̄on̄t'
```

Z. 8 steht MILITARIS, aber dieses Wort strich Zamosius zweimal
durch und ersetzte dasselbe mit *militantis*, freilich fehlerhaft. Ich
finde es nicht für überflüssig, die Inschrift mitzutheilen, da Zamosius den Stein noch in leidlichen Zustand sah.

Zalatna.
(C. I. L. III p. 215.)

2. N e u. In denselben handschriftlichen Aufzeichnungen findet
sich von Zamosius' Hand auch die Copie der folgenden Inschrift vor,
die als '*In Zalakna, in aedibus Joannis Kende*' befindlich bezeichnet
wird:

```
            SILVANO
            DOMESTICO
              SAC
            M OPELIVS
     5      FIRMINVS
            V·S·L·M·
```

Vgl. C. I. L. III n. 1330 (*M. Opilius Firminus*).

Várhely.
(C. I. L. III p. 228.)

Die Ruinen Sarmizegetusa's bewähren sich als eine fort-
während ergiebige Fundgrube für römische Inschriften, wofür diese
Zusammenstellung den besten Beleg abgeben kann. Um die Ver-
mehrung des Inschriftenschatzes Sarmizegetusa's erwarben sich
neuerlich hohe Verdienste: der griechisch-unirte Bischof von Lugós,
Victor v. M i h á l y i, der die neugefundenen Inschriftsteine und
sonstige Anticaglien von Várhely und dem Hátszegerthale überhaupt

durch den dortigen Vicarius Herrn Janz's unermüdlich sammeln, kaufen und in seiner bischöflichen Residenz in Lugos aufstellen liess, wo sie noch das Treppenhaus und die Gemächer des Episcopiums zieren; ferner der im vorigen Jahre ins Leben getretene Historisch-archäologische Verein des Hunyader Comitates, der seit seinem Entstehen nicht nur die historischen, archäologischen und epigraphischen Denkmäler des Comitates sorgsam aufsuchen und sammeln, sondern auch Ausgrabungen in Várhely veranstalten lässt, demzufolge sein in Déva jüngst gegründetes Museum als ein an werthvollen epigraphischen, besonders aber durch die im Mithrastempel Sarmizegetusa's jüngst ausgegrabenen Mithras-Monumente vorzüglich reiches Institut gelten kann. Namentlich letztere kommen in solcher Fülle meines Wissens nirgends vor.

3. Neu. Bläulich-weisser Marmor, 0·55 h., 0·19½ br. Gegenwärtig bei Bischof v. Mihályi in Lugos:

I · O · M

A ETE R N

T · FL·APER

SCRIB · COL

5   E X VOTo

Derselbe *T. Flavius Aper scriba col(oniae) Sarm(izegetusae)*: C. I. L. III n. 1512.

4. E. E. IV n. 185. Bläulich-weisser Marmor, 0·87 h., 0·46 br. Gegenwärtig bei Bischof v. Mihályi in Lugos. Revidirt. Z. 3 steht ARMIM.

5. Neu. Bläulich-weisser Marmor, 1·6 h., 0·32¾ br. Gegenwärtig bei Bischof v. Mihályi in Lugos. Den der Länge nach im Spalten begriffenen Stein fügten noch Römerhände durch eingelassene eiserne Klammern, die eingerostet noch gegenwärtig in dem Steine festsitzen, zusammen. Die schön geformten Buchstaben deuten auf eine gute Zeit:

I O M

AETERNO

PRO SALVTE

I A N V A R I·AVG

5   EX · ARCAR ·

ET · VI†AE THEr

TES · EIVS ·

FL · BELLICVS · EX

VOTO

Z. 4—5 Aug(usti servi) ex arcar(io).

6. Neu. Weissmarmorne Tafel mit röthlicher Patina überzogen, 0·39 h., 0·54 br., in drei Stücken. Gegenwärtig bei Bischof v. Mihályi in Lugos:

```
    DEO AETERNO
    HERENNIVS · GEMELLIN     s
    VE PRO·AV666·NNN·PRO ɔ        sic
    SATVRNINA·COIVGE·E  he
ᴸ   RENNIIS VRSOET 6FM  llo?
    ET · SVPRo· SATVRNINo· VOTLIBSOL
```

Z. 3 v(ir) e(gregius) pro(curator) aug(ustorum) n(ostrorum, trium) pro C.... cet. — Z. 6 vot(um) lib(ens) sol(vit). Den Mann finden wir C. I. L. III n. 1625 (vgl. Addit. p. 1018 ad n. 1625 und E. E. II n. 451) auf einem Votivaltar in Bukarest, den für ibn irgend welcher Gottheit seine Frau setzen liess.

7. Neu. Weisser Marmor, 0·83 h., 0·28¹/₄ br. Gegenwärtig bei Bischof v. Mihályi in Lugos:

```
        I O M D
        G A I V S G a
        I A N V S E s
        P R O C V L V s
ᴸ       A P O L L O F A N es
sic     S V R I N·EG·PR o
        SALVTESVARXvoto
```

Z. 1 J(ovi) O(ptimo) M(aximo) D(olicheno). — Z. 6 Syri neg(otiatores) cet. Vgl. C. I. L. III n. 1431.

8. Neu. Weisser Marmor, 0·38 h., 0·25 br., in drei Stücken. Gegenwärtig bei Bischof v. Mihályi in Lugos:

```
sic     SILV·ANOs
        QVARTVSIM      sic
sio     ILISAEGIO
sic     NIS‹XIII GM
ᴸ       ª VOTVMREDDE   sic
            D
```

Da Z. 4 xɪɪɪ ganz sicher ist, kann man wohl nur g(e)m(inae) ergänzen.

9. Neu. Gelblicher Sandstein, 1·13 h., 0·39 br. Gegenwärtig bei Bischof v. Mihályi in Lugos:

```
        EPONABE
        CAMPESRB        sic
        SACR
        MCAVENTVS
    5   VIAToR7LEɢ IIlJ F F
        EXERc·EQ·SING
        C·Nbl·NIGRINI
        LEG·AVG·PR·PR
        V·S·  L·M
```

Z. 5 — 6 *centurio leg(ionis) IIII F(laviae) F(elicis) exer(citator) eq(uitum) sing(ularium)* cet. Ueber C. Avidius Nigrinus s. C. I. L. III n. 567.

10. Neu. Weisser Marmor, 0·12—0·15 h., 0·35¹/₂ br. Gegenwärtig bei Bischof v. Mihályi in Lugos. Sehr schöne Buchstaben der besten Epoche:

Z. 1 [*Isidi et Sera*]*pidi*. — Z. 3 [*et incolumita*]*te* cet.

In den im südlichen Theile der Gemeinde Várhely 1881 zufällig entdeckten Ruinen eines Mithrastempels kamen die weiter unten folgenden inschriftlichen Denkmäler zum Vorschein, die theils der Besitzer des betreffenden Grundes 1881 fand und dem hist.-arch. Vereine des Hunyader Comitates verkaufte, theils bei den von dem genannten Vereine im Frühling des Jahres 1882 veranstalteten Ausgrabungen gefunden wurden. Diese Ausgrabungen waren so erfolgreich, dass sie das Museum der genannten Gesellschaft mit ungefähr 250 Mithras-Denkmälern bereicherten. Unter diesen Denkmälern findet man Inschrift- und Relieftafeln, Altäre, Statuen, Statuentheile, Säulen etc. etc. Es ist nur bedauerlich, dass der bedeutendere Theil dieser Denkmäler sich in fragmentarischem Zustande befindet. Es wäre zu wünschen, dass jene, die sich mit dem Mithrasmythus und Cultus beschäftigten, diese Denkmäler zum Gegenstande ihrer eingehenden Studien machen sollten, da in Folge der grossen Mannigfaltigkeit (ein jedes Denkmal zeichnet sich durch andere figuralische Darstellungen in den einzelnen Partien aus) hier gewiss wesentliche Beiträge zum Verständniss des Mithrasmythus und zur Erklärung des Mithraskultus zu gewinnen. Diesmal möge es genug sein, blos den inschriftlichen Theil der gefundenen Denkmäler zu veröffentlichen.

11. Neu. Weissmarmornes Fragment, 0·2—0·7½ h., 0·14½ br. Im Besitze des genannten Vereines in Déva:

AECCQ*on*

12. Neu. Weissmarmorne Tafel, 0·17—0·18 h., 0·28 br., in zwei Stücken. Im Besitze des genannten Vereines in Déva. Unter mithr. Darstellung:

AVR THEOF EX VOTO

Aur(elius) Theof(ilus) cet.

13. Neu. Tafel aus Muschelkalk, 0·18—0·22½ h., 0·61 br. Im Besitze des genannten Vereines in Déva. Unter mithr. Darstellung. Der obere Theil fehlt.

CASS · MAXIMVS AVG COL · SARM · M

VLP · GAIVS · PRO SAL · SVA · EX · V · POS

14. Neu. Weissmarmorner Cippus, 0·15—0·18 h., 0·16½ br. Im Besitze des genannten Vereines in Déva.

ALX ·
VISO

[. ...]a *ex viso.*

15. Neu. Weissmarmorne Tafel, deren oberer Theil und linke Hälfte fehlen, 0·13—0·16½ h., 0·16—0·23 br. Im Besitze des genannten Vereines in Déva. Unter mithr. Darstellung:

NVS · EX V · POS ·

16. Neu. Weissmarmorne Tafel, deren linke Seite und oberer Theil fehlen, 0·5—0·11 h., 0·18—0·20¼ br. Im Besitze des genannten Vereines in Déva. Unter mithr. Darstellung:

C · SALARA · EXV · POSVT

17. Neu. Weissmarmorne Tafel, deren oberer Theil und rechte Seite fehlen, 0·6½—0·12 h., 0·6½—0·9 br. Im Besitze des genannten Vereines in Déva. Unter mithr. Darstellung:

ΣΕΡΕΝΤΙΑ

18. N e u. Weissmarmorne Tafel, deren rechte Seite und oberer Theil fehlen, 0·12—0·15 h., 0·8¹/₂—0·12¹/₂ br. Im Besitze des genannten Vereines in Déva. Unter mithr. Darstellung:

$$\text{S · IMC · SPEDVALE}$$

S(oli) i(nvicto) M(ithrae) C(autopati?) Sped(ius) Vale[rianus?...]

19. N e u. Weissmarmorne Tafel, deren oberer Theil und linke Seite fehlen, 0·6 h., 0·8¹/₂ br. Im Besitze des genannten Vereines in Déva. Unter mithr. Darstellung:

$$\text{V · L · P ·}$$

v(otum) l(ibens) p(osuit).

20. N e u. Weissmarmorne Tafel, deren rechte Seite und oberer Theil fehlen, 0·7³/₄ h., 0·8 br. Im Besitze des genannten Vereines in Déva. Unter mithr. Darstellung:

$$\text{LON}$$

Nach N sieht man an der Tafel ein protuberantes Objekt.

21. N e u. Weissmarmorne Tafel, deren oberer Theil, rechte und linke Seite fehlen, 0·14—0·16 h., 0·6—0·12 br. Im Besitze des genannten Vereines in Déva. Unter mithr. Darstellung:

$$\text{F · DD}$$

[....]e d(onum) d(edit).

22. N e u. Weissmarmorne Tafel, deren linke Seite und oberer Theil fehlen, 0·17 h., 0·14¹/₂ br. Im Besitze des genannten Vereines in Déva. Unter mithr. Darstellung:

$$\text{V · L · P}$$

v(otum) l(ibens) p(osuit).

23. N e u. Weissmarmorne Tafel, deren oberer Theil, rechte und linke Seite fehlen, 0·7¹/₂—0·9 h., 0·7 br. Im Besitze des genannten Vereines in Déva. Unter mithr. Darstellung:

$$\text{I V}$$

24. N e u. Weissmarmorne Tafel, deren rechte Seite und oberer Theil fehlen, 0·9 h., 0·7—0·9¹/₂ br. Im Besitze des genannten Vereines in Déva. Unter mithr. Darstellung:

$$\begin{array}{l} \text{D V} \\ \text{IVLIVSN} \end{array}$$

D(eo) i(nvicto) [M(ithrae)] Julius M....

25. Neu. Weissmarmorne Tafel, deren oberer Theil und rechte Seite fehlen, 0·26—0·41¹/₂ h., 0·19 br. Im Besitze des genannten Vereines in Déva. Unter mithr. Darstellung:

> | · S · I · M|

S(oli) i(nvicto) M(ithrae).

26. Neu. Weissmarmornes Fragment, 0·7¹/₂ h., 0·10 br. Im Besitze des genannten Vereines in Déva.

Z. 2 v(otum) s(olvit) [l(ibens) m(erito)].

27. Neu. Weissmarmorne Tafel, deren rechte und linke Seite fehlen, 0·17¹/₂ h., 0·5 br. Im Besitze des genannten Vereines in Déva. Unter einem Relief (Quadriga, rechts eine Figur, die in den Händen eine Statuette hält; der Hintertheil der Pferde fehlt):

> ? o|OL · ʼl. s.

28. Neu. Weissmarmorne Tafel, deren rechte und linke Seite fehlen, 0·8¹/₂ h., 0·9¹/₂ br. Im Besitze des genannten Vereines in Déva. Unter mithr. Darstellung. Einzige Zeile:

> ʼS · E V

29. Neu. Weissmarmorne Tafel, 0·13³/₄ h., 0·15³/₄ br. Im Besitze des genannten Vereines in Déva. Unter mithr. Darstellung:

> |PRISCVS|

30. Neu. Weissmarmorne Tafel, deren rechte Seite fehlt, 0·10 h., 0·10¹/₂ br. Im Besitze des genannten Vereines in Déva. Unter mithr. Darstellung:

> |TGAIW/

T. Gaiu[s ...

31. Neu. Weissmarmorne Tafel, deren rechte und linke Seite fehlen, 0·9³/₄ h., 0·11 br. Im Besitze des genannten Vereines in Déva. Unter mithr. Darstellung:

> ΛNVS· ΛVC· CӨᴖ   sic

...anus aug(ustalis) col(oniae).

32. Neu. Weissmarmorne Tafel, in drei Stücken, aber gut erhalten, 0·27 h., 0·32 br. Im Besitze des genannten Vereines in Déva. Unter mithr. Darstellung:

> AELIVS NEPOS VOTVM RETʮulit

33. Nou. Fragment eines Votiv-Altars aus Kalkstein (?), 0·66 h., 0·44 br. Im Besitze des genannten Vereines in Déva:

PHILOTIMVS
PROSE · ET · SVIS
V· S· L· M

34. Neu. Weissmarmornes Säulchen, 1·11 h., in der Mitte 0·17, oben 0·15½ d. Im Besitze des genannten Vereines in Déva:

FLAV
TRO
FIMVS
EXVI
SO

35. Neu. Weissmarmornes Säulchen, 1·3½ h., in der Mitte 0·20, oben 0·14 d. Im Besitze des genannten Vereines in Déva:

M · M ·
VLPII ·
VICTO
RINVS·ET·
5   MAIVS·
DECC·COL
SARMIZ·
METRO·
V·L·P

Z. 1 *M(ithrae) M(agno?)* wohl eher als *Marci (duo)*.

Den Grabstein des *M. Ulpius Maius* s. C. I. L. III n. 1519.

36. Neu. Weissmarmorne Votivara, 0·95 h., 0·42 br. Im Besitze des genannten Vereines in Déva.

S · I · M
CARPION
AVG
LIB · TABVL
5   V · S · L · M

Vgl. C. l. L. III n. 980 und 1467; auf der erstgenannten Inschrift nennt sich der Mann *tabularius provinciae Daciae Apulensis.*

37. Neu. Weissmarmornes Fragment, gewiss die untere Hälfte einer mithr. Tafel, 0·10 h., 0·4¹/₂—0·6¹/₂ br. Im Besitze des genannten Vereines in Déva.

(LUC)

38. Neu. Weissmarmornes Fragment, gewiss die untere Hälfte einer mithr. Tafel, 0·6 h., 0·4³/₄ br. Im Besitze des genannten Vereines in Déva.

[D(eo)] M(agno?) M(ithrae).

39. Neu. Weissmarmornes Fragment, 0·5¹/₂ h., 0·13¹/₂ br. Im Besitze des genannten Vereines in Déva.

ual (ER·T)

40. Neu. Weissmarmornes Fragment, 0·13¹/₂ h., 0·9—0·10 br. Im Besitze des genannten Vereines in Déva. Schöne Buchstaben aus der besten Zeit:

ETV

41. Neu. Weissmarmornes Fragment, 0·14 h., 0·35—0·36 br. Im Besitze des genannten Vereines in Déva. Von der ober der Inschrift befindlichen Darstellung sind noch die Füsse einer Person (der Rüst eines Fusses ist ziemlich erhalten) und die Ueberbleibsel eines unbestimmbaren Objektes sichtbar.

CAVTOPATI · SAC ·
SYNETHVS · ADIVI   *sic*
TABVL V · S · L · M

Z. 2—3 adiut(or) tabul(arii) oder tabul(ariorum).

Die Inschrift bereichert die Suite der dem Mithras unter dem Beinamen *Cautus pates* oder *Cautus pater* (vgl. Labus, *Marmi antichi Bresciani* p. 47, 48; *Annali dell' instituto di corrisp. arch.* XVIII p. 274 und oben n. 18) gewidmeten Denkmäler (s. C. I. L. II n. 464, 1025, 2705 (?); III n. 994, 4736; V n. 763, 765, 766, 1809, 4935, 5465; VI n. 86, 748, 3730; VII n. 650, 1344 c; VIII n. 2228).

42. Neu. Grobkörnig-weissmarmorne dorische Säule, 1·19 h., in der Mitte 0·40, oben 0·55, unten 0·56¹/₂ d., mit stark profilirtem Kapitäl und Basis. Gegenwärtig im Besitze des genannten Vereines in Déva. Auf dem Abacus des Kapitäls stehen: vorne ein rechtsschreitender Stier mit aufwärtsgedrehtem Schweif, rechts der Kopf

cines Stieres, links cin rechtsstehender Rabe mit cinem Pfeil im Schnabel, rückwärts ein linksstehender Rabe mit je zwei Buckeln an den Füssen.

NABARZE

DEO

PRO · SAL · AMPLIATI

AVG · N̄ · DISP · ET

5   SVA · SVORVMQ

OMNIVM

PROTAS· VIKAR

EIVS

Z. 4 *Aug(usti) n(ostri) disp(ensatoris)* cet. Mitgetheilt im *Erdélyi Muzeum* VIII (1881) n. 10 p. 297—298 (vgl. p. 295, 296). *Nabarzes* war ein Beiname des Mithras, wie eine Inschrift aus Aquincum (C. I. L. III n. 3481) beweist, wo *invictus Mythra Nabarzes* erwähnt wird; *invictus deus Navarzes* kommt auf einer stadtrömischen Inschrift vor (C. I. L. VI n. 742). Graf Géza Kuun, der ausge-zeichnete Orientalist, Präsident des hist.-arch. Vereines des Hunyader Comitates, war so liebenswürdig, mir in Bezug auf diese Inschrift folgende Erläuterung mitzutheilen und zu gestatten, dieselbe in diesem Berichte zu benützen:

„Die Marmorsäule, welche ausserhalb des Castrum unter den Überresten eines Mithrastempels im Verlaufe dieses Sommers (1881) ausgegraben wurde, ist dem Gott *Nabarza* gewidmet, NABARZE DEO usw. (das *e* in der Form Nabarze ist gewiss archaistisch für *ae* ge-schrieben). Da alle übrigen Inschriften dieses Fundes sich auf den Gott Mithra beziehen, so ist es an und für sich wahrscheinlich, dass der Name *Nabarza* hier statt *Mithra* steht. Bei C. Curtius kommt der Personenname *Nabarzanes* vor (Lib. III, cap. VII et passim: '*Nabarzanes praetor Darii*'), welcher von Nabarza mittelst des bekannten persischen Suffixes *ana* gebildet ist (vgl. altp. *Vivā-nae* Beh. III 54). Das persische Suffix *ānu* bildet bekanntermassen relative Adjectiven. Wie der Personenname *Mithrenes* (bei Q. Curtius III, 12; V, 1, 8; Μιθρήνης bei Arrian) von Mithra (*Mithres* bei Q. Curtius), so wird *Nabarzanes* von Nabarza gebildet. Die Endung des Namens Nabarza ist das altpers. und altbaktr. Suffix *a*, welches zur Bildung von Hauptwörtern verwendet wird. Dem *z*-Laut der altbaktr. Sprache entspricht häufig in der alt- und neupersischon Sprache *d*, welche Lautveränderung auch hier in der neupers. Form *nabarda* (vgl. den altbaktr. Namen *Nabarzanes*) vorkommt. *Nabard*

bedeutet in der neupers. Sprache K a m p f, und *Nabarza* den
Starken, Tapfern. Von Mithra als Sonnengott wird schon im
Rigveda gesagt, dass die Morgenröthe ihm Kraft verleiht, während
sie seinem Bruder Varuna nur Täuschungen bereitet (III, 61), aus
diesem Grund wird von der Morgenröthe gesagt: '*mahî mitrasya varu-
nasya mâyâ*' (*Letture sopra la Mitologia vedica fatte dal prof. Angelo
De Gubernatis*. Firenze, 1874. S. 66—67). Mithras ist bereits in einer
späteren Epoche der altpers. Mythologie zum obersten Kriegsgott
geworden. Darius hat vor der Schlacht von Arbela den Sonnengott
Mithra angerufen ('*solem Mithren, sacrumque et aeternum invocant
ignem*' bei Q. Curtius, lib. IV, 13), damit er ihm Sieg verleihe,
während Alexander die Göttinnen Minerva und Victoria anruft. Als
der Mithrascult während der römischen Weltherrschaft sich ver-
breitet hat, heisst der Sonnengott: *invictus, anicetus,* ἀνίκητος. Der
Name M i t h r a s, welcher selbst eben nur ein Attribut der Sonne,
des Sonnengottes *Sûrya* ist und ihn als den Freund des Menschen-
geschlechtes bezeichnet (*Mit-tra*), wurde, wie es scheint, in den län-
geren Invocationen von mehreren attributiven Adjectiven begleitet,
welche allmälig zu selbstständigen Namen dieser Gottheit geworden
sind. Auf einer Inschrift der Sammlung unseres hist. und archaeol.
Vereines zu Déva steht *cautus pates**) zu lesen, in dieser Widmung
wird also Mithras *cautus pates* oder *pater* genannt. Der Name *Nabarza*
entspricht vielleicht schon der ursprünglichen Auffassung der Sonnengottheit, welche alltäglich ihre Macht entfaltend die Finsterniss
besiegt. Die Sonnengottheit wird auch sonst d e r S t a r k e, d e r
M ä c h t i g e genannt, so z. B. erklärt Fl. J o s e p h u s den Namen
Σαμψών, hebr. *Šimšôn* mit ἰσχυρὸς (*Antiqu.* V, 10)."

Vgl. *Erdélyi Muzeum* l. c. p. 295, 296, 297—298).

Nach verlässlichen Mittheilungen wurden auch folgende zwei
mithr. Inschrifttafeln in dem erwähnten Mithrastempel gefunden:

43. N e u. Weissmarmorne Tafel, mit Mithrasdarstellung, deren
linksseitige obere Hälfte fehlt, 0·23 h., 0·19 br. Gegenwärtig bei
Bischof v. Mihályi in Lugos. Unter der Vorstellung mit barbarischen,
mehr eingeritzten als gemeisselten Buchstaben:

AVRELIVS VALENTINVS
EX VO TO P OSVIT

44. N e u. Weissmarmorne Tafel, mit Mithrasdarstellung, deren

---

*) S. u. 41 dieser Suite.

rechtsseitige untere Hälfte abgebrochen, aber vorhanden ist, 0·27¹/₂ h., 0·34 br. Gegenwärtig bei Bischof v. Mihályi in Lugos.

    sic   SEVERVS · ᴧVC · LIᴘ¹ / ᴧTI /////

Aug(usti) lib(ertus) .ati... Vgl. *Arch.-epigr.Mittheilungen* I 123, 21, aber vielleicht von dieser verschieden.

45. Neu. Knapp am Rande der Hochebene, welche südwestlich von Várhely schon ausserhalb der Gemeindegrenze und von dieser durch ein kleines Thal geschieden sich erstreckt, fand man zwischen den Ruinen eines römischen Gebäudes, wie es scheint eines Tempels syrischer Gottheiten, im Frühling 1881 folgende 0·87¹/₂ h., 1·32³/₄ br. weissmarmorne Inschrifttafel, deren schöne Buchstaben auf eine gute Epoche, wahrscheinlich das 2. Jahrhundert deuten. Gegenwärtig im Besitze des histor.-archäol. Vereines des Hunyader Comitates in Déva:

```
        DIIS ᴼ PATRIIS ᴼ
     MALAGBEL ᴼ ET BEBELLAHA
     MON ᴼ ET BENEFAL ᴼ ET MANA
     VAT ᴼ P ᴼ AEL ᴼ THEIMES Π VIRAL
  5  COL TEMPLVM FECIT SOLO ET
     INPENDIO SVO PRO SE SVISQ
     OMNIBVS OB PIETATE IPSORVM   sic
     CIRCASE IVSSVS AB Ρ SIS FECIT
     ET CVLINAM SVBIVNXIT
```

Mitgetheilt im *Erdélyi Muzeum* VIII (1881) N. 10 p. 293—297, wo auch Sayce und Finály ihre Erklärungen dieser Inschrift mittheilen. Mein verehrter College Ignaz Goldziher, der ausgezeichnete Kenner der orientalischen Sprachen und Mythologie, erklärt in einem an mich gerichteten Schreiben, dessen Verwerthung er mir freundlichst gestattete, diese interessante Inschrift folgendermassen:

„Die semitischen Götternamen, welche wir in dieser Inschrift finden, sind bereits durch den Oxforder Professor Herrn A. H. Sayce im *Erdélyi Muzeum* 1881 p. 295 — 296 behandelt (Mittheilung an Sofie Torma). Ich habe Ursache, von einigen dort gegebenen Interpretationsversuchen in mehreren Punkten abzuweichen.

MALAGBEL ist der syrophönikische Gottesname בל מלך, über dessen Charakter als Sonnengott sehr eingehend gehandelt hat De Vogüé, *Syrie centrale (Inscriptions)* p. 63. Ist bei Sayce richtig erkannt.

BEBELLAHAMON. Ich halte dafür, dass die Reduplication der Silbe BE durch ein Versehen des Steinmetzen entstanden ist; demnach = BELLAHAMON, d. i. der aus semitischen Inschriften wohlbekannte Sonnengott Ba'al (oder Bel) Chammôn. Es ist nicht möglich, mit Sayce בֵּית אֵל חַמָּן zu finden (Haus des Gottes Hammon), da es undenkbar ist, dass man eine Votivtafel an ein Haus (sei dies auch ein Tempel) addressire.

BENEFAL. Non liquet. Als Hypothese riskire ich jedoch die Vermuthung, dass hier möglicherweise ein Corruptel des aus phönikischen Votivtafeln bekannten פְּנֵי בַעַל, also etwa PENEBAL (Antlitz des Ba'al) vorliegt. Vgl. den biblischen Ortsnamen פְּנוּאֵל. Sayce denkt an eine durch ihn vorausgesetzte Tribus Namens Benê-Fâl, deren speciellcr Gott hier angerufen sei. Ich halte diese Voraussetzung für höchst unwahrscheinlich. Wir wissen nichts von Clan-Göttern jener Kreise, denen diese Votivtafel entstammt.

MANAVAT. Bezüglich dieses interessanten Gottesnamens kann ich der Annahme Sayce's nicht beitreten. Nach seiner Ansicht stecke hier die Wurzel נוה (nâvâ) oder נאה (nâ'î), wonach dann die hier erwähnte Gottheit eine Hausgottheit, oder etwa eine syrische Göttin der Schönheit wäre. Vielmehr glaube ich bezüglich MANAVAT Folgendes: Die vorislamitischen Araber verehrten eine Göttin Namens Manât, welche auch im Koran als Gottheit der heidnischen Araber ausdrücklich erwähnt ist (vgl. auch Krehl, über die Religion der vorislamitischen Araber, p. 73) und etymologisch und sachlich derselben Gruppe angehört, wie die in Jesaj. LXV, 11 genannte nordsemitische Schicksalsgottheit מְנִי Menî. Von diesem Manât ist nun unser Manâvât eine regelmässig gebildete Pluralform, also = Schicksalsgöttinnen. Es ist dies, meines Wissens, die einzige bekannte Stelle, wo wir den Plural des nordarabischen Gottesnamens Manât finden, und bestätigt sich meine Vermuthung, so folgte daraus, dass Manât in der religiösen Terminologie kein individueller Gottesname, sondern der Gattungsname einer Klasse von Gottheiten ist. Prof. Nöldeke in Strassburg, dem ich meine Vermuthung mittheilte, vergleicht mit dieser Pluralform, die in der Sprache als Appellativum bekannte Pluralform Al-manâjâ, Fatum, auch besonders: Tod. Der letztere Gottesname zeigt uns, dass wir uns mit unserer Inschrift auf nordarabischem Gebiete befinden, oder auf einem Gebiete, wo nordarabische Elemente Einfluss hatten. Syrische Religionsbegriffe wanderten bekanntlich auch in die nördlichen Grenzen Arabiens ein. Dieser Umstand veranlasst mich, in

THEIMES den arabischen Stammnamen Tejm zu finden. Theimes heisst also „der zum Stamme Tejm Gehörende" = der Tejmite, arab. Al-Tejmî; es ist wohl dann nichts anderes als Gräcismus. — Sayce findet in diesem Namen das palmyr. תימצא, dem jedoch Theimes, wo das schliessende א keine Stelle hat, nicht ganz entspricht."

Die auf dieser Inschrift erwähnte Gottheit *Malagbel* ist übrigens schon aus vier Inschriften bekannt, und zwar: *a*) aus einer stadtrömischen Inschrift (C. I. L. VI n. 710), auf welcher ausser einer dem *Sol sanctissimus* geweihten lateinischen Inschrift, auch eine in palmyrenischer Schrift zu lesen ist, welche nach der Erklärung Gildemeister's dem *Malakbel* und den Gottheiten von Palmyra (Tadmor) geweiht ist; *b*) aus einer ebenfalls stadtrömischen Inschrift, auf welcher ΜΑΛΑΧΒΗΛΩ vorkommt (C. I. L. VI n. 51, wo die Anmerkung sagt 'aedem *Belo statuerunt*', vgl. ebenda n. 50); *c*) C. I. L. VIII n. 2497 aus Numidia, wo *Malagbelus Augustus sanctus*; und *d*) aus Mauretania Sitifensis C. I. L. VIII n. 8795 Add. wo *Deus numeri Ma(la)g(belus)* genannt werden.

46. Neu. In denselben Ruinen wurde 1882 auch folgende 0·48 h., 1·5 br., 0·3 d. bläulich-weisse Marmortafel ausgegraben. In neun Stücken. Im Besitze des genannten Vereines in Déva. Die Buchstaben deuten ebenfalls auf eine gute Zeit.

```
      · DEO · SΛnctissimo  MALAGBELo
      PROSALVTe imp. cΛES·MAVREL·
      SEVeRI · alexandri ·PII·FEL·AVG·
      ET · IVLIAE · mamaeae · AVGVSTAE
  5   MATRI·AVG · Ñ · ET · CASTRRVM
      PRIMITIVOS · AVG · LIB · TABVLARS
      ·PROV·DAC·APVLENS·POSVIT ·
```

Die Z. 3—4 eradirte Namen sind die des Severus Alexander und der Julia Mamaea.

47. Neu. Ebendort ausgegraben 1882. Weissmarmornes Bruchstück, 0·13¹/₂ h., 0·10¹/₂ br. Im Besitze des genannten Vereines in Déva:

48. Neu. Wahrscheinlich von ebendorther stammend. Bruchstück einer dorischen Säule aus Kalkstein, 0·30 h., 0·18 br. Im Besitze des genannten Vereines in Déva:

Z. 3 *Syri.*

49. Neu. Bläulich-weissmarmorner Votivaltar in zwei Stücken, 0·31—0·48¹/₂ h., 0·24¹/₂ br. Gegenwärtig bei Bischof v. Mihályi in Lugos. Der Fundort ist nicht näher bezeichnet. Mit schönen kleinen Buchstaben:

```
       //TR/
      /INAE/
    /ET·PROCILI·
   FLORES·INGENVI
 ⑸  SILI·M·PR/CIL
   ETIMS·LIB·EIVS
      EX VOTO
```

[? *pro salute....*]*i et Procili Flores Ingenui Sili, M. Pr[o]cil(ius) Etimus* cet.

50. Neu. Weissmarmorne Tafel, 0·24 h., 0·18¹/₂ br. Gefunden im Jahre 1876, der Fundort ist aber nicht näher bezeichnet. Gegenwärtig bei Josef Gerga, Gemeindeförster in Ohába-Bisztra bei Karánsebes. Mit schönen kleinen Buchstaben der besten Epoche:

```
 VENCON/
 SEVERINA
 EXVISV
```

51. E. E. IV n. 191. Bläulich-weissmarmorne Tafel, 0·30¹/₄ h., 0·30³/₄ br. Gegenwärtig bei Bischof v. Mihályi in Lugos. Schöne kleine Buchstaben. Revidirt. Z. 1 TIB·CL·IANVARIVS; Z. 2 DEC·I·; Z. 4 ACCVBITVM·ITEM·; Z. 5 CL·VERVS FILIVS cet.; Z. 6 OB HONOREM DVPLI; Z. 9 ·EX cet.

52. Neu. Kalkstein-Tafel, 0·34 h., 0·23—0·29¹/₂ br. Fundort nicht näher bezeichnet. Gegenwärtig im Besitze des hist. - archäol. Vereines des Hunyader Comitates in Déva.

```
 PROSALVte col
 DAC·SAR/mizegetusae
```

53. C. I. L. III n. 1543. Revidirt. In Zám im Garten des einst Baron Nopcsa'schen Schlosses, das sich jetzt im Besitze des Wiener

Hof- und Gerichtsadvokaten Dr. Anton Lckisch befindet. Auf der Plinthe der aus grobkörnigem weissen Marmor gearbeiteten Statue steht die Inschrift folgendermassen:

Der Irrthum Neigebaur's (Dacien p. 110 n. 126), der den Stein sah, wurde dadurch veranlasst, dass er die rechtsseitigen verticalen zwei Linienzüge nach M, welche die Einrahmung der Plinthe bilden, für Buchstaben hielt (D M II), während diese Einrisse auch auf der linken Seite der Plinthe sich befinden.

54. C. I. L. III n. 1544. Revidirt. In Szendelak neben Gavosdia, im Garten des jüngst verstorbenen kön. ung. Honvédministers Béla v. Szende, befindet sich eine Sitzbank aus porösem krystallinischen Kalkstein (Länge 1·70, Höhe des Sitzes 0·45, dessen Breite 0·33, Höhe der Rückenlehne 0·30), an deren Rücklehne und Untertheil folgende 0·17, respective 0·15 hohe und 0·15—0·20 von einander entfernte Buchstaben sichtbar sind (die Buchstaben der oberen Reihe deuten auf eine gute Zeit, während die der unteren Reihe unregelmässiger und dünner, vielleicht aus einer späteren Zeit stammen):

Nach Béla Szende, wäre diese Sitzbank in Tinkova neben Govasdia am rechten Ufer der Temes vor ungefähr 40 Jahren gefunden worden in dem dort befindlichen Eisenbergwerke, welche auch die Römer schon betrieben haben sollen. Es ist indess wahrscheinlicher, dass diese Bank, die ein Sedile aus einem Amphitheater ist, aus Várhely stammt, zugleich mit einer andern, welche aus weissem Marmor gearbeitet und rechterseits mit einer Lehne versehen, sich ebenfalls im Szendelaker Garten befindet. Nicht unmöglich ist es aber auch, dass beide Sitzbänke aus dem Amphitheater von Tibiscum nach Szendelak gekommen sind (bei welcher Conjectur Fodor und nach ihm Neigebaur einen Fehler begehen in Bezug auf die Provenienz, indem sie das erwähnte inschriftliche Sedile nach Brettye verlegen), wenn nur — und das ist hier das massgebende — in Tibiscum auch ein Amphitheater oder Theater war, was aber bisher noch nicht bewiesen ist. Bis diese Frage erledigt sein wird, will ich die Inschrift dieses Sedile zu denen von Várhely zählen, und ebenso das inschriftlose zu den Sarmizegetusaner Funden.

55. Neu. Amphitheatralische Sitzbank aus Sandstein (Länge
1·46½, Höhe des Sitzes 0·41½, dessen Breite 0·33, Höhe der Rücklehne 0·30, deren Dicke 0·10). Gegenwärtig bei Herrn Géza Litsek,
kön. ung. Postmeister in Várhely. Auf der Rücklehne und Unter-
seite des Sedile steht folgende Inschrift:

S	I
R	

Da die beiden Buchstaben s und R grade am linken Rande des
Sedile stehen, so ist es wahrscheinlich, dass dieselben, in Zusam-
menhang stehend mit der Inschrift des anstossenden Sedile, den
Schluss derselben gebildet haben, z. B. in der ersten Reihe [.....]
s(edile?) und übergehend auf die folgende *J(uli?)* [....*s(edile?)*].

Von Várhely stammen auch jene amphitheatralischen Sitzbänke, die sich gegenwärtig im Garten des ehemals Baron Nopcsa-
schen, jetzt Dr. Lekisch'schen Schlosses in Zám befinden, und zwar:
a) aus weissem Marmor (Länge 1·44, Höhe des Sitzes 0·44½, dessen
Breite 0·41½, Höhe der Rücklehne 0·27½, deren Dicke 0·9½, auf
der linken Seite mit einer Armlehne 0·12½ d.), die Inschrift giebt
C. I. L. III n. 1523; und *b*) ein inschriftloses Sedile aus porösem
Kalktuff, Länge 1·77½, Höhe des Sitzes 0·46½, dessen Breite 0·34,
Höhe der Rücklehne 0·27½—0·29½, und deren Dicke 0·12, ohne
Seitenlehne.

Veczel.
(C. I. L. III p. 220).

56. C. I. L. III n. 1350. Votivaltar aus sandigem Kalkstein,
1·10 h., 0·41 br. Ebenda, ebenso vorgefunden. Revidirt:

```
        I O M
        I V N O N I
          R E G
        P R O S A L V
  5     T E M I C E N S
sic   L XI C F A V
        S T N V S E M V I
        R O W N V S M C G
          V S
```

Z. 4—5 *pro salute Micens(ium)*, Veczel war nämlich das römische *Micum*, welchen Namen ich im *Archaeologiai Értesítő* XIV
(1880) p. 109—114 nachgewiesen habe; Z. 6—8 *L(ucius) Taie(ti-*

onis?) Faustinus et M(arcus) Vi(bius?) Ro[ma]nus? m(agistri) c(ollegii)
G(alatarum?) cet. C. I. L. III n. 1394, welches aus dem nahen Al-
gyógy = *Germisara* stammt, nennt dasselbe Collegium der Galater,
es scheint demnach, dass die Galater sowohl in Germisara als in
Micum *collegia* gehabt haben.

57. C. I. L. III n. 1353. Votivaltar aus grauem Trachyt, 0·82 h.,
0·45½ br. In Maros-Németi, im Parke des vormals Graf Gyulai'schen,
jetzt Graf Géza Kuun'schen Schlosses. Den Stein hat Graf Kuun
1881 in einem Winkel des Parkes zur Hälfte in die Erde gesunken
vorgefunden; Mommsen konnte ihn darum nicht sehen. Revidirt.
Z. 1 ı·o·м; Z. 5 ʟᴇɢ·ıɴı·ꜰꜰ

58. N e u. Votivaltar aus grauem Augit-Andesit, 0·41 h., 0·27
br. Im Besitze des hist.-arch. Vereines in Déva. Mit barbarischen
Buchstaben:

	SILVANODO
	MESTICO·S·
sic	C·RVIIIA·PX

Z. 3 *C(laudia?) Ru[f]i[l]a p(ro) [s(uis)]* ?

59. N e u. Grabstein aus sandigem Muschelkalk, 1·23 h., 0·72
br. Bei Herrn Julius Böss, Bahn-Ingenieur in Déva, aber von ihm
schon dem genannten Vereine in Déva geschenkt. Gefunden 1879
bei Bahnarbeiten. Unter einem halbkreisigen Medaillon, in dem
zwei weibliche und unter diesen zwei Mädchen-Büsten in Relief
sichtbar sind:

	D M	
	ANTONIA QΛΕTA	
	VIX · ANXXXIIIET	
	NTONIAVALENTI	
5	NAFILVIXNXII	
	AN·TONIVS·	*sic*
	VALENT·FIL·METSO	
	B M P	

Z. 7 *m(atri) et so(rori)* cet.

60. N e u. Grabstein aus Muschelkalk, gewiss Veczeler Provenienz, 1·36 h., 0·92 br. In Zám, im vormals Baron Nopcsa'schen,
jetzt Dr. Lekisch'schen Garten. Am oberen Theile des Grabsteines,
der ein Dreieck bildet, sind rechts und links ruhende Löwen angebracht; in der Mitte des Dreieckes steht der Kopf eines Mannes
in Relief, darunter eine ausgemeisselte oblonge Vertiefung dermalen
mit Mauerwerk ausgefüllt:

Z. 4 *alae Cim*[.....]

61. Neu. Grabstein aus rothem Augit-Andesit, in drei Stücken, 0·37 h., 0·22½ — 0·44½ br. Im Besitze des hist.-arch. Vereines in Déva:

Z. 3 — 4 [*miles*] *n(umeri) M[au]r(orum) m* ....
....*us vixi[t]* cet. (vgl. E. E. II n. 380 und C. I. L. III n. 6267, in welchen wahrscheinlich von eben demselben Militärcorps die Rede ist). An *m(ilitavit)* [*annis* ... *mensib*]*us* ... *vixit* kann man nicht denken, denn der kleine Raum zwischen vs und vixii (Z. 4) schliesst diese Lesung aus.

Tibiscum.

Zsuppa.

(C. I. L. III p. 246)

Tibiscum lag, wie es Theodor Ortvay bewiesen hat (s. *Archaeologiai Közlemények* X [1876] p. 1—48 und E. E. IV ad n. 197) bei Zsuppa im Temes-Thale am Zusammenflusse des Temes und Bisztra-Flusses. Ein Theil der hier gefundenen Inschriften (alle gewiss nicht) kam durch die Vorsorge des einstigen Militär-Grenzcommando's nach dem Stabsorte Karánsebes. Die wichtigen Inschriften C. I. L. III n. 1551 und 1552 sind gewiss auch dieser Provenienz und nicht vom sogenannten Ovidthurme am Munte - mic, wie angegeben wird, welcher Thurm wohl ein Donjon des XV. Jahrhunderts (vom König Sigismund oder Johannes Hunyadi erbaut, aber gewiss nicht des unglücklichen Poeten) ist. Die vom genannten Commando gesammelten und in den verschiedenen Militärgebäuden in Karánsebes aufbewahrten Zsuppaer Inschriften wurden nach der Auflösung der Militärgrenze vom FML. Baron Scudier mit manchen inschriftlichen Denkmälern aus Mehadia und Titel (die ich weiter unten anführe) an den südungarischen hist. und arch. Verein abgetreten, in dessen Museum in Temesvár sie derzeit aufbewahrt werden, wo ich sie 1881 revidirt habe.

62. C. I. L. III n. 1548. Votivaltar aus Kalkstein, 0·37 h., 0·25 br. In Karánsebes, Herrengasse Nr. 367, rechts vom Thore eingemauert. In zwei gebrochen. Revidirt:

LIBERO · PATRI
PROSALVTE · MAR /
TVRRANI · DIL · El
ₒL AELIAE NICES
5   M · TVRRAN
PATROCLVS · EX
ₒ VOTO ₒ

Z. 2—3 *Mar[c(i)] Turrani Dili(gentis?)*

63. E. E. IV n. 197. Votivaltar aus weissmarmorartigem Kalkstein, 1·19 h., 0·49 br. Von der Zeit sehr mitgenommen, besonders die zwei ersten Zeilen und die linke Seite des Steines, durch die eine vertiefte Linie läuft, welche durch die Verwitterung einer weicheren Ader des Gesteines verursacht wurde. Gegenwärtig bei H. Alexander Kápra in Zsuppa. Revidirt:

GEN/O
CO—OₒₐₐₐₐₐNAR·MSA
‖‖ᵣ GETVSE · E · NAPV
SIVM · FILVS · MACᵢ
5 Iₒ SECVNDI · Q· E
OPVBLCO · E · DEC
· SARMZEGETV
SE · V · L · S ·

Gen[i]o coloniarum Sa[rmiz]egetuse et Napu[cen]sium — der Name fehlt — *filius Marci[an]i Secundi, q(uaestor) e[qu]o publico et dec(urio-c(oloniae) Sarmizegetuse v(otum) l(ibens) s(olvit).*

64. C. I. L. III n. 1549. Weissmarmorner Votivaltar, 0·92 h., 0·34¹/₂ br. Gegenwärtig im Museum des südungarischen hist. arch. Vereines in Temesvár. Revidirt:

S · I · N · M
PRO · SALVTE
P · AEL · MARI
HERMADIO
5 ACT · TVRRAII   *sic*
DIL · V · S · L · M

65. C. I. L. III n. 1551 vgl. n. 1462. Graulich-weisser Marmor, 1 h., 1·02 br. Gegenwärtig im Museum des südung. hist. - arch. Vereines in Temesvár. Revidirt. Mit schönen Buchstaben der besten Zeit:

```
        QMARCIOTVⱤTOTT          sic
        FRONTONIPVBLICIO
        SEVEROPRAEF·PRAET
        IMP·CAES·AELII·TRAIANI
  5  .  HADRIANIAVGVSTI·PP
 sic    COLON·VIITRAIAN·AVG
        DACICASARMIZEGETVS
```

66. C. I. L. III n. 1552. Weissmarmorne Grabtafel, aus zwei Stücken zusammengefügt, 2·48 br., 0·91 h. und 0·26 d. Rechts von der Grabschrift ein Jüngling mit gekreuzten Beinen (der rechte Fuss vor dem linken gestellt), den Kopf auf den rechten Arm gestützt, dieser ruht auf dem in der linken Hand befindlichen Stab. In 13 grössere und kleinere Stücke gebrochen. Revidirt. Gegenwärtig im Museum des südung. hist.-arch. Vereines in Temesvár. Sehr schöne grosse Buchstaben der besten Epoche:

```
     PVBLI ◦ AELI ◦ VL|pi u|ET ◦ EX ◦ DEC
   HANC◦SEDEM·LONGO·P ꟻⱯLVIT·SACRARE·LABORI
   hANCREQVIEM·FESSOS·T ANDEM·QVⱭ·CoNDERET·ARTVS
   ul PIVS· EMERITIS· LONC AEVI· MVNERIS·ANNIS
 5 ipsE·SVO·CVRAM·T ! ↙ u LO · DEDIT· IPSE·SEPVLCRI
   arbITER HOSPITIV∤·MEN bri S·FATOQVE·PARAVI         sic
```

Z. 6. 1 muss MENⱭk gestanden sein, denn für mehrere Buchstaben ist kein Platz vorhanden.

67. C. I. L. III n. 3247 aber irrthümlich nach Mitrovicz verlegt, rectifizirt Addit. p̄. 1017 und p. 1040. Grabmonument aus Glimmerschiefer, 1·07 h., 0·78 br. Gegenwärtig im Museum des südung. hist.-arch. Vereines in Temesvár. Revidirt:

```
         D   M
        TERRATE
        NET CORPVS NO
        MENLAPIS · ATQVE
  5     ANIMAMⱯERQV
        ⱯMMFI·VSFVER
```

Z. 5—6 quam melius cet.

68. N e u. Weissmarmorner Grabstein, 0·34—0·45 h., 0·60—0·80 br. Gefunden bei der Zsuppaer Mühle, in deren Gegend das grosse Castrum Tibiscum's lag. Jetzt bei Trifu Radu, Gemeindevorstand in Zsuppa, Nr. 3 vor der Stallthüre:

```
    VO PATRIAEQE  NOTAVIT
    KNDRA · COIVGE · IVNXIT
    A · PERTVLIT · ANNOS
    IRVM · FABVLA · RERVM
5   DNGESTA · FAM · LABORVM
```

....m patriaeque notavit
...xandria co(n)iuge iunxit
...a pertulit annos
...arum fabula rerum
...[c]ongesta fama laborum.

Z. 1 ⱑ befindet sich in o und Z. 2 ᴇ in ɢ. — Die Inschrift war in Hexametern abgefasst.

69. E. E. IV n. 198. Grabtafel aus marmorartigem Kalkstein 0·71 h., 0·20—0·33 br., in zwei Stücken. Gefunden bei Zsuppa 1875 beim Eisenbahnbau. Jetzt bei Herrn Nicolaus Jakabfi in Zsaguseny. Revidirt:

```
        N
     IICIN
    MES · CA
    S · ANLXN
5   ETE · VIX · AX
    L · IVL · NR
    CIAERABOLES
    I · P · CONIVX
```

Z. 1 ..a]nn[is...]; Z. 2 [...]ticin[us....]; Z. 4 [...]s an(norum) XV, M[...]; Z. 5 ...vix(it) a(nnis) XV; Z. 8 i(mmunis?) p(....)

70. N e u. Kalkstein-Fragment, 0·20¹/₂ h., 0·15 br. Gefunden bei Zsuppa; jetzt bei Herrn Nicolaus Jakabfi in Zsaguseny:

```
    DIVIN
    ILINAE
```

Karánsebes
(vgl. C. I. L. III p. 246—247).

Aus Karánsebes haben wir bis nun nur die folgenden drei Inschriften, von denen man sicher weiss, dass sie dort und nicht in

Zsuppa gefunden wurden (wenn nicht auch n. 62 und 64 dieser Suite derselben Provenienz sind).

71. E. E. II n. 443. Weissmarmorne (?) Ara votiva, 1·13 h., 0·40 br. Gefunden im Sommer des Jahres 1872 im Potok genannten Stadttheile. Jetzt im Besitze des südung. hist.-arch. Vereines in Temesvár. Revidirt:

<pre>
         I · O · M · D
         I V L I V S ·
         VALENTINVs
         ſLAMEN · M · Ʈ
    6   PROSALVTEM   sic
  sic   SVAMSVORVM
         QVE O M N I V M
         CNTƜERNIVM   sic
         · V · L · M · P ·
</pre>

Z. 4 nach т stand wie es scheint nichts mehr, Platz hätte ohnedem nur ein einziger Buchstabe, etwa ъ.

72. Neu. Grabstein aus rothbraunem Augit-Andesit, 1·08 h., 0·50 br. Gefunden in Karánsebes (Potok?). Jetzt im Museum des südung. hist.-arch. Vereines in Temesvár. Geschenk des H. Sigismund v. Ormós, Obergespan des Temeser Comitates. Die letzte Zeile ist palmyrenisch.

<pre>
         D   M   M
      FL · GVRAS · IIDDEI | ·
     // TIO · EXN PALMVR | ·
     // XIT · ANN · ӔII · MI | L
  6 // NXXI · ΛEL · HΛBIB | IS
    /// TIFETHB · M · P
       ⸫))ɣ𐡍𐡍)'))ꓘʏꓘ�𐡌
</pre>

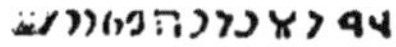

Z. 2 las ich nach zweimaliger Inspizirung des Steines im Jahre 1881 / FL · QMASIIDDEI, aber wie es sich herausgestellt hat fehlerhaft. Indem nämlich Herr Professor Nöldeke in Strassburg, dem die letzte palmyrenische Zeile zur Entzifferung Collega Goldziher überschickte, in derselben den Namen GVRAS fand, unterzog ich die auf äusserst rauher Oberfläche mit kaum lesbaren Buchstaben angebrachte Inschrift 1882 einer weiteren Revision, wobei sich ergab, dass H. Nöldeke vollkommen Recht hat, die betreffende Zeile 2 enthält nämlich richtig FL(avius) GVRAS IIDDEI. Die Lesung dieser Inschrift ist demnach folgende: D(is) m(anibus) Fl(avius) Guras Jiddei (filius), [op]tio ex n(umero) Palmur(enorum) [vi]xit ann(is)

XXXXII, mil(itavit) [*an*]*n*(*is*) *XXI, Ael(ius) Habibis* [*pon*]*tif(ex) et
h(eres) b(ene) m(erito) p(osuit).* — Z. 3 der *numerus Palmyrenorum*
kommt auf Inschriften aus Dacien zweimal vor: *a*) an einer aus
Mojgrád (*Porolissum*) C. I. L. III n. 837 (vgl. *Arch.-epigr.
Mittheilungen aus Oesterreich* IV p. 129 n. 4), und *b*) an einer aus Torda
(*Potaissa*) C. I. L. III n. 907 (vgl. *Arch.-epigr. Mitth. aus Oesterr.*
IV p. 131 n. 10). Die vorliegende Inschrift macht uns mit einem
neuen Garnisonsplatze dieser Truppe bekannt. Z. 5—6 Aelius Habibis,
der Erbe des Flavius Guras war Priester (denn nur [*pon*]*ti
f(ex)* kann in der Z. 6 stehen) der Palmyrener jenes Truppenkörpers.
Wichtig macht den Stein die letzte palmyrenische Zeile,
da derartige bilingue Inschriften äusserst selten vorkommen. (Die
lateinisch-palmyrenischen bilinguen Inschriften in Copien mitgetheilt
siehe sonst: E. E. IV n. 718*a*; C. I. L. VI n. 710; VIII n. 2515
und p. 955 ad n. 3917). H. Nöldeke interpretirt die letzte Zeile auf
Grundlage meiner vormaligen fehlerhaften Copie der ganzen bilinguen
Inschrift folgendermassen *):

„נודא ידי הפמֹי = *Gûrâ, Sohn Jaddai's, optio.* נורא gr. Гоυρâ
Wadd. 2645, Гоύρоυ Wadd. 2673. ידי häufiger auf palmyr. und
sonstigen Inschriften aus Syrien; griechisch 'Ιαδδαῖος, 'Ιαδδέο-
geschrieben. (Die Auslassung des Wortes Sohn ist in palmyre-
nischen Inschriften nach griechischem Vorgang häufig). הפמֹי; nicht
völlig sicher ist nach dem mir vorliegenden unzulänglichen Abklatsch das ה **). Die Möglichkeit, dass es ein א wäre, welches
man an sich hier erwartet, muss offen bleiben. Das Schluss-ן
glaube ich ziemlich sicher zu erkennen, aber ein guter Abklatsch
würde doch möglicherweise ין ergeben. Nur nach einem solchen
könnte ich überhaupt beurtheilen, ob, wie allerdings wahrscheinlich,
die palmyr. Inschrift nur diese drei Wörter enthielt, oder hinten
defect ist". (Wie aus meiner obigen Copie ersichtlich ist, fehlen
an der Inschrift einige Buchstaben.) „Bis mich ein absolut zuver-
lässiger Abklatsch überzeugt, muss ich entschieden die Richtigkeit
von QMASIIDDEI bezweifeln. Alles spricht dafür, dass diese Gruppe
genau dasselbe wie נורא ידי ausdrücken soll. Die Endung A s ist
= א; IIDDEI, mag das nun wirklich dastehn" (es steht wirklich da)
„oder wie nach der sonstigen Schreibung des Namens zu erwarten,
zu IADDEI zu ergänzen sein, ist ידי. Da kann in QMAS doch nicht
wohl etwas anderes stecken, als GVRAS. Die Abbreviatur eines echt

---

*) Mit seiner gefälligen Einwilligung mitgetheilt, wofür ich bestens danke.
**) Besserer Abklatsch wie der zugeschickte ist kaum herzustellen.

orientalischen Namens durch einen Buchstaben wäre beispiellos und
gar ‎ג‎ (G) durch ‎ק‎ auszudrücken, konnte Niemand in den Sinn
kommen. Ein kleines Bedenken habe ich gegen HABIBIS. Viel wahrscheinlicher wäre HABIBVS, wie auf einer palmyrenisch-lateinischen
Bilingue in Rom der Genitiv *Habibi* lautet und auf verschiedenen
griechischen aus Syrien Ἄβειβος, Ἄβιβος vorkommt „(*Habibis* ist
ganz sicher)." Der Name, auf jener palmyr. Inschrift in altarabi-
scher Form ‎חביבן‎ geschrieben, ist bei den christlichen Syrern ‎חביב‎;
bei den Arabern ist Ḥabîb ein sehr beliebter Name."

Meine letzte Revision des Steines bezeugt wie gesagt die voll-
kommene Richtigkeit aller Ausführungen H. Nöldeke's.

73. Neu. 0·67 h., 0·71 br. Weissmarmornes Fragment, oberer
Theil eines Grabdenkmales. Ueber der Inschrift ein halbkreisför-
miges gegliedertes und vertieftes Medaillon, welches aber leer ist,
1872 im Stadttheile Potok gefunden. Jetzt im Besitze des Handels-
mannes H. Ignaz Füszfás in Karánsebes, Ecke der Lehrer- und
Teusgasse Nr. 102, vor dem Hausbrunnen. Schöne grosse Buchstaben:

D M

Ungefähr 3—4 Bruchstücke von Inschriften (wahrscheinlich
die Stücke dieses Grabdenkmales, vielleicht aber auch noch eines
anderen Inschriftsteines) verwandte der obengenannte Kaufmann
beim Bau seines Hauses als Baumaterial. Die betreffenden Steine
waren im Garten des Petru Kobecz und Skribán gefunden worden,
Haus Nr. 250.

Im Hofe des Hauses Nr. 410 fand ich vor dem Brunnen ein
Grabmonument aus bläulich-weissem Marmor, das gewiss eine Inschrift hatte, die aber jetzt ganz abgewetzt, unleserlich ist. Der
Hauseigenthümer Herr Laurenz Meiszl behauptet, man hätte jene
vier Inschriftsteine, die vor dem Hause auf der Gasse lagen, bei
dem Baue des Hauses vor etwa 12 Jahren als Baumaterial verwendet; er hätte ferner mehrere Inschriftsteine an den General
Stanojlović (gegenwärtig in Josefstadt in Böhmen) abgetreten, die
auch von anderen mehrere derartige Monumente. erhielt. Was mit
diesen inschriftlichen Monumenten geschehen ist, konnte ich nicht
ermitteln. Im Garten des Hauses Nr. 250 wurde vor etwa 12 Jahren
ebenfalls ein Inschriftstein gefunden, der, wie man sagt, nach Wien
geschickt worden wäre.

Slatina.

(C. I. L. III p. 248).

74. C. I. L. III n. 1559. Grabmonument aus bläulich-weissem Marmor, 1·92 h., 0·73 br., in zwei Stücken. Gegenwärtig im Besitze des hist.-arch. Vereines in Temesvár. Revidirt:

```
          D  M
          PAELIO
          A R·.·.·. T O
          DII · VIR AN M
                ‾‾‾‾‾‾‾
   5      DIN TERFECT
          ALATRONIBVS
          VIX ᴑ ANL ᴑ VLP
          DIGNA ᴑ CON
          PIENTISSIMO
   10     ET ᴑ P ᴑ AEL ᴑ FIL ᴑ ET ᴑ P
          AEL ᴑ VAL ᴑ ET ᴑ AV
          DARVS ᴑ N ᴑ B ᴑ //P
```

Z. 3—4 die ausserhalb der Bruchlinie stehenden Buchstaben sind jetzt verloren.

D(is) m(anibus) P. Aelio Ariorto? IIII vir(o) an(nuali?) m(unicipii)] D(robetae) interfect(o) a latronibus, vix(it) an(nos) L. Ulp(ia) Digna con(iugi) piëntissimo et P. Ael(ius) fil(ius) et P. Ael(ius) Val(ens) et Au(relius) Darus n(epos) b(ene) [m(erenti)] p(osuerunt).

Mehádia.

(C. I. L. III p. 248)

75. C. I. L. III n. 1576. Muschelkalk, 0·79—0·84 h., 0·57 br., in zwei Stücken. Gegenwärtig im Besitze des südung. hist.-arch. Vereines in Temesvár. Revidirt:

```
        IMP ᴑ CAES ᴑ DIVI
        HADR ᴑ FIL ᴑ D Dui Tra
        IA ᴑ NEP ᴑ DIVI ᴑ NE ruae
        PRONEP ᴑ T ᴑ AE lio
   5    HADR ᴑ ANTO nino
        NG ᴑ PIO ᴑ PC ntifici
        MAX ᴑ TRIB ᴑ potest.
        XY III C O ᴑ iiii        p. C. 160
```

76. C. I. L. III n. 1577 (vgl. Addit. p. 1017 ad n. 1576 recte 1577). Muschelkalk, 1·35 h., 0·59 br., in sechs Stücken. Gefunden im römischen Castrum zwischen Mehadia (Ort) und Plugova (in den Ruinen des einstigen *Praetorio*). Gegenwärtig im Besitze des südung. hist.-arch. Vereines in Temesvár. Revidirt:

```
          IMP·CAE··PLICI
          GALIENO· / ·F·AVG
          PON·MAX·TR'·PO      sic
          CONS·III·PROCONS         p. C. 257/260
     5    COH·III·DELMATR/M   sic
          VALERIANGALE
sic       NAE ∞ EQQ· C· R· P· F
          DEVOTA NVMINI
          MAIESTATIQVE EO
                  s
```

Z. 7 *miliaria*.

77. Neu. Nach den handschriftlichen Aufzeichnungen des einstigen Mehadiaer gr. n. u. Pfarrers Nicolaus Stojka in den Ruinen der, unweit von den Überresten des Plugovaer Castrum gelegenen, „*beserica ungurasca*" oder einfach „*beserica sparta*" genannten alten Kirche (Stojka's Manuskript sagt 'im Riede Uliec'), im Jahre 1822 gefunden; die von den Findern zerschlagenen Stücke des Steines setzte der genannte Pfarrer zusammen und schrieb die Inschrift gewiss schlecht ab (von Herrn Leonhard Böhm im *Történelmi Értesítő* IV [1880] p. 164, 165—166 mitgetheilt, vgl. ebenda p. 5 Note 3):

```
          D· BÆBATVS· HRSAN
          TVS·AG· COL· ZRMI
sic       CEGEVSÆ · VIX· ANN
          LXVI· OSE· PROSCRP
     5    TVS · PR · BÆBATAM
          GAM· CN· COI·E· CO
          J· COMR· EDBVS · IIII
```

Z. 1 cH×*santus?*; Z. 4 [*h(ic)*] *s(itus) e(st)*; Z. 6 *Gam[i]cen coi-* (*ugem) et co[ll(ibertam?)*)]; Z. 7 *co[nh]eredibus IIII*.

78. Neu. Nach demselben Manuscripte (s. *Történelmi és régészeti Értesítő* IV [1880] p. 167) wurde 1815 neben dem Plugovaer Castrum ein Sarkophag, den die Finder zerschlagen haben, mit folgender von Stojka schlecht copirten Inschrift gefunden:

```
          IANI · LEPIDVS ·
          VIXIT·ANIS·            sic
          LXX·LABAS (
          ·NTVS · CONIVGI·
      5 sic PIET¡ISSIMAE
          POSVIT·PVMIA·
```

Z. 3—4 *Abas*[*ca*]*ntus*.

79. C. I. L. III n. 1578 und p. 1017 Addit. ad. n. 1578. Grabmonument aus Kalkstein, 0·90 h., 0·48 br. In Mehadia (Ort) links
am Eingange der romänischen Gemeindeschule eingemauert. Revidirt:

```
              D · M
          CR · PEDITIANVS
          NONOVMPLENOS
          II SOSPES VIX·AN
      5   /OS VS MESIBVS·VI
          DIEBVS XIIII QVIETA
          INOCENTIA·PAR ʾN
          //M SVORVM SVA
          /// V · CECIDIT
      10  / EDITVS · E · ∧REL⊔ᴬ
          //INATA · FILIO//
          \!!!∧·CENEIA_
```

Z. 6 ff. etwa: *quieta in*(*n*)*ocentia patron*[*oru*]*m suo*[*ru*]*m sua* [*man*]*u*
cecidit [*P*]*editus* cet.

Szerb-Pozsezsena.
(Unterhalb Baziás, an der Donau).

80. C. I. L. III n. 6275. Grabstein aus einem kaum appretirten Glimmerschiefer-Block, 2·15 h., 0·60—0·63 br. Oben Sertum
mit einem Relief-Brustbilde eines Mannes. Gefunden in dem Ge-
meinde-Kirchhof. Gegenwärtig in Szerb-Pozsezsena bei der Witwe
Persa Stojkovics Nr. 70. Revidirt.

```
              D · M
          S E V E R V S
          ET · P SVRVS
          MMII.ES
      5   EXMARCI
          . ADONATAH
          COIVGI
          B   M PP
```

81. Neu. Grabstein aus einem ebenfalls nur halbappretirten Glimmerschiefer-Block äusserst unebenen Bruches, 1·74 h., 0·85 br. Gefunden in demselben Kirchhof. Gegenwärtig in Szerb-Pozsezsena bei Zsivota Szereszka Nr. 77, als Thürschwelle angebracht. Mit kaum lesbaren Buchstaben:

```
              D · M
              MAR ET HERES
                  MEARITIS      sic
                  SVISMARTI
      5           I BIAIV VIXIT
                  AXXXII M II
      sic         RISSIMO
                  B M P
```

D(is) m(anibus), mar(itus) et heres, meritis suis Martii Biaiu (an *biar[chi]* kann man kaum denken) *vixit a(nnos) XXXII (menses) II (ca)rissimo b(ene) m(erenti) p(osuit)*.

82. Neu. Grabstein aus einem kaum etwas appretirten Glimmerschiefer-Blocke, 1·5 h., 0·40—0·47 br. Gegenwärtig in Szerb-Pozsezsena bei Illia Jovanovics Nr. 39. Die Inschrift ist auf der sehr abgeblätterten Oberfläche des Steines kaum lesbar:

```
            NRACILI/
            No//////////
            ET//////////
              H / E
      5     FIL//////////
            NIN//////////
            VIX AN
            XVIIII
```

Z. 1—4 *Aur(elio) Acili[a]no [....v]et[(erano? vix(it) ann(os) ....]* *(hic) [s(itus)] e(st) cet.*

Moesia superior.

Ráma.

(C. I. L. III p. 264 und p. 1021 Addit. III).

83. C. I. L. III n. 1643 und p. 1021 addit. ad n. 1643. Unter der nordwestlichen Bastei der Ruine der Brankovics'schen Burg, an der grünstein-porphirnen Felsenwand angebracht, in der die am rechten Donauufer sich hinziehende Traiansstrasse, von der nur ein

Theil übrig blieb, welcher gegenwärtig von den Schiffsleuten als Pfad verwendet wird, eingehauen war. Revidirt:

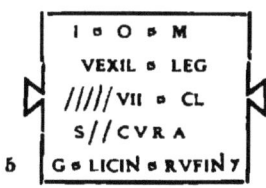

Z. 2 - 5 *vexil(latio) leg[ionis] VII Cl(audiae), s[ub] cura G(aii) Licini Rufini centurionis.*

84. C. I. L. III n. 6299. Grabdenkmal aus Kalkstein, 0·30 h., 0·42 br. In der östlichen Aussenmauer der Südbastei der Ramaer Brankovics'schen Burg. Revidirt:

$$DEC \cdot MVN \cdot$$
FRAERETHEI *res*
R   M

Z. 1 *deo(urio) mun(icipii)* [*Vim inacii*). . . .]

85. C. I. L. III n. 1644 und p. 1021 Addit. ad n. 1644. In der nordwestlichen Ecke der Westseite derselben Bastei rechts vom Burgthor, umgedreht eingemauert. Wegen der Höhe konnte ich den Stein nicht messen. Revidirt:

TIB · CL · VALEN
VET · LEGVI
VIXIT·A X

Z. 2 *vet(eranus) leg(ionis) VI[i Cl(audiae)]*; Z. 3 *vixit a(nnos)* X [. . . . .].

Viminacium.

(C. I. L. III p. 264—265).

In der vom Despoten Serbiens Georg Brankovics 1432 erbauten prächtigen, vielthürmigen Burg Semendria an der Donau, deren Ruinen eine wirkliche Zierde jener Donaugegend bilden, sind mehrere römische Inschriftsteine und sonstige Denkmäler bei dem Baue der Burg eingemauert worden, die gewiss aus den Ruinen des nahen Viminacium herrühren. Leider sind diese Monumente so hoch und die meisten dazu noch unglücklicherweise umgedreht in die Mauern der Burg und der vielen Thürme angebracht, dass ich selbe nur mit grosser Mühe (fast in allen Fällen auf das Fernglas beschränkt) und nach zweimaliger Inspizirung (1880, 1881) copiren konnte.

86. Neu. Votivaltar aus Conglomerat, 1·7 h., 0·47 br., umgedreht eingemauert in die Aussenmauer des Thurmes, der neben dem sogenannten 'Krstata Kula' (Kreuzthurm, an der Westseite der Burg) liegt:

/ · O · M

sic VAI · KARVs

VO · LIBV

IS S · OL

Z. 2—4 *Val(erius) Karus vo(tum) lib(ens) vis(u) sol(vit)*.

87. Neu. Ara votiva auf der Südseite des südöstlichen Eckthurmes in der Ecke umgedreht und so hoch, dass ich sie nicht messen konnte, eingemauert:

CERERI

AVG

C · SEVIRIVS

VALENS DEC

5 ET QAEST

MVNIC · AEL ·

VIMOB HON

\rcvs///

Z. 4—8 *dec(urio) et quaest(orius) munic(ipii) Ael(ii) Vim(inacii) ob hon(orem) [d]ecur[ionatus....]*. Sicherlich nicht identisch mit C. I. L. III n. 1654. Fehlerhaft mitgetheilt *Viestnik hrvatskoga archeologičkoga druztva* IV (1882) p. 10 n. 3.

88. In der westlichen Aussenmauer des vierten vom Burgthore links liegenden Thurmes unter einer Mithras-Darstellung. Da der Stein ziemlich hoch eingemauert ist, konnte derselbe nicht gemessen werden. Am Anfang der Z. 2 sind ungefähr 11 Buchstaben eradirt; der untere Theil so weit als angedeutet, ist mit Malter beworfen:

D / /

[////////////] DEC · AEDIL ·

COL · VIM · EXVOTO / M P.

D(eo) [i(nvicto) M(ithrae)] .... dec(urio) aedil(icius) col(oniae) Vim(inacii) ex voto [l(ibens)] m(erito) p(osuit).

89. Neu. In der Wölbung der oberen Etage des *Dvorska ulaza kula* genannten Eingangsthurmes in die innere Burg, umgedreht und in solcher Lage eingemauert, dass ich den Stein nicht nur nicht messen, sondern selbst die Inschrift nur mit Hilfe des Fernglases copiren konnte:

```
        MARCIAE · OTAC I
        LIAE · SEVERAE
        SANCTISSIME NG
        CONIVGIS DN
    5   PHILIPPI ÁVG E
        MATRIS PHILIPPI
        NOBILISSIMI CÆS
        ET CASTRORVM
        DONVM SVAM ET BAL
    10  REFECIT ET LATINIT
        TIB CL MRCELLINVS
        EQ R · DEC · IT C
        MVNI
        DEI
```

Z. 9 — 10 *eq(ues) R(omanus) dec(urio) ite[rum, et aq]ua(m) muni[cipio. . . .].*

90. N e u. Weissmarmornes Denkmal, 1·15 h., 0·23¹/₂ br., in die innere Seite der östlichen Burgmauer links vom Thore des auf die südöstliche Eckbastei gegen Norden folgenden Thurmes umgedreht und hoch eingemauert. Die Inschrift des interessanten Denkmales war einst auf zwei Marmorblöcken eingemeisselt, von denen aber leider das rechtseitige Stück und der obere Theil des vorhandenen fehlen:

```
           C N
        ET · LEG · V       ii
        CL · SEVE          ri
        ANAE  ale
    5   zandrianas         et
        MYRISN             araydi?
        FELICISI           mi?
        VIK · LVST
   sic  CLAIEX
 10 sic ORI · HA
          o    n
        ÆNSORIB
        IVL · VALENS · IVL
        FL · PROBVS · AR · I
   15   AR · IVLIANVS · VLPI
        AVR · VIATOR · VAL · V
        AEL · ÆLIANVS · AR · P
        //L · PYRRVS
        mODESTO E PR
```

Z. 1 [*pro salute Au*]g(*usti*) n(*ostri*) [*imp(eratoris)*] ; Z. 8 *vik(arii)*
lust[*rat(oris) ?*] ; Z. 9 –10 *Cl(audii) A(l)ex*[*an*](*d)ri Ha*| . . . . .]; Z. 19
[*M*]*odesto et Pr*[*obo co(n)s(ulibus)*]. P. C. 228.

91. N e u. Aeusserst grosser Stein an der Westseite der südöstlichen Eckbastei sehr hoch in die Ecke eingemauert. Grosse und
schöne Buchstaben:

```
V O
R O
I G
  IC
```

Z. 3—4 [*a*]*ug(ustali*) [*mun*]*ic(ipii)* ?

92. N e u. Bruchstück eines weissmarmornen Denkmales, 0·36—
0·43 h., 0·46—0·52 br., eingemauert in die innere, das ist westliche
Seite der Ostmauer der grossen Burg. Schöne und sehr grosse
Buchstaben :

```
CRV
```

C. Ruf . . . .

93. N e u. Grabdenkmal aus Kalkstein. 1·23 h., 0·64 br., in die
Aussenseite der östlichen Burgmauer eingemauert. Kaum leserliche
barbarische Buchstaben:

	D M	
	AVR · MARCIA	
sic	VS · TAEGE G	
	VI CL · ST XXVI	
5	CVTIVS · NXI	
	APRILIS N XI I OC	
	IVL PE SCRINI	
	APII FSTX	
	AVREIA CVTIA	
10 *sic*	COIVC E FILIS E	
sic	N · POT E HEL OC	
	TA INVS NEPOS	
	HER / NN CVL	
	E CON/VPPOS	
15 *sic*	MTIOCINO IEORFIT	COS	p. C. 270

Z. 6 N kleinere Buchstaben und oc ligirt. — *D(is) m(anibus)*
Aur(elius) Marcia(n)us taeg(ularius) leg(ionis) VII Cl(audiae) st(ipen-
diorum) XXVI, Cutius an(norum) XIII, Aprilis an(norum) XIII,

Oc(*tavius*) *Jul*(*ius*) *Pescriani Arpii f*(*ilius*) *st*(*ipendiorum*) *X*, *Aurelia Cutia* co(n)*iug*(*i*) *filis et* n(*e*)*pot*(*i*); *et Hel*(*ius*) *Octavinus nepos Her*(*e*)nn(*iae*) *Cult*(*a*)*e* ron[*i*]*u*(*gi*) *p*(*ientissimae*) *pos*(*uit*). *M. A*(*n*)*tioc*(*h*)*i*(*a*)*no II et Orfito* co(n)*s*(*ulibus*).

94. N e u. Grabmonument aus bläulich-weissem Marmor, in die westliche Mauer der *Jerina kula* (Irenen-Thurm, sogenannt nach der Gemahlin des Despoten Georg Brankovics, Irene = Jerina Kantakuzén [vermählt am 27. Dec. 1415]) genannten Bastei in der inneren Burg so hoch eingemauert, dass der Stein nicht gemessen werden konnte:

```
              ⌒CVSTIT⌒              ⌐
        CVRAVIT· C·TERENTIVS· C  F
        CL·CATVLLVS VIRVET·LEG·VIICL·
sic     PFEXSIG CENTIRVISOCIO· ET ·
5       CONTVBERNALI PIENTISSIMO
        CRISPINO
                   F
```

Z. 2—4 *C*(*aius*) *Terentius C*(*aii*) *f*(*ilius*) *Cl*(*audia*) *Catullus vir vet*(*eranus*) *leg*(*ionis*) *VII Cl*(*audiae*) *p*(*iae*) *f*(*idelis*) *ex sig*(*nifero*) *cent*(*u*)*r*(*iae*) *VI* cet.

95. C. I. L. III n. 1657. In die westliche Aussenmauer des westseitigen *Krstata kula* (Kreutz-Thurm) ziemlich hoch eingemauert. Bei den Buchstaben v der 2. Zeile, und ɴ und zweiten x der 2—3. Zeile neue Schussspuren. Revidirt:

```
        D · M
       QIVL ·  SENECA
       VIX· AN· XL
       VIPIANICRIN
```

Z. 4 *Ulpia Nigrina.*

Jüngst im *Viestnik IV* (1882) p. 10 n. 1. fehlerhaft mitgetheilt.

96. N e u. Ebendort und seitlich gelegt hoch eingemauert:

```
        ⌐⎺⎺⎺⎺⌐
        V A L
        E T M V
        R I O Fratri
        B  m.
5       POSuit
```

97. Auf der linken Seite des zweiten vom Burgthore links liegenden Thurmes, seitlich gelegt und hoch eingemauert. Am Ende der Z. 6 neue Schussspuren:

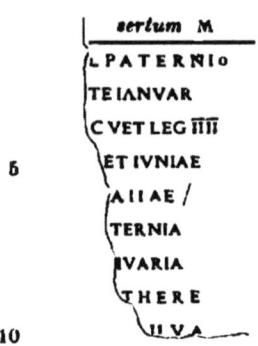

Z. 6 [...*vixit*] a(*nnos*) *II; Z.* 8 [*Ja*]*nuaria.*

98. Neu. In die äussere Nordmauer des nordseitigen ersten Thurmes (der inneren Burg) hoch und umgedreht eingemauert.

> M
> ᵒVLIOVIN
> T·LEGVII
> IACA
> 5   IA

Z. 3 [...*ve*]*t*(*eranus*) cet.

Fehlerhaft mitgetheilt im *Viestnik* IV (1882) p. 10 n. 2.

99. Neu. Links von der Vorigen ebenfalls' hoch und umgedreht eingemauert, sehr verwittert. Mehr Zeilen scheinen an dem Steine nicht gewesen zu sein:

> D   M
> A /////CVALVALER
> ///////////NOVL
> ////////VHANXVI
> 5   //////////AERV$F

Z. 3 [....]*no Ul*[*pio?..*]; Z. 4 [....] v(*ixit*) *han*(*nis*) *XVI* Z. 5 v(*ivus*) *si*(*bi*) *f*(*ecit*).

Fehlerhaft mitgetheilt im *Viestnik* IV (1882) p. 10 n. 4.

Nebenbei muss ich bemerken, dass sowohl diese, als Nr. 87, 95, 98 dieser meiner Suite nach Angaben des H. Despinić, Kaufmannes in Kubin, in dessen angenehmer Gesellschaft ich den Ausflug nach Semendria im Jahre 1880 machte. in dem *Viestnik* mitgetheilt wurden.

i00. N e u. Unter dem Gesimse des vom Eingang zur inneren Burg rechterhand (südlich) liegenden zweiten Thurmes, an der linken Ecke ist ein Inschriftstein umgedreht eingemauert, wegen der Höhe kann man aber aus der Inschrift selbst mit dem Fernrohr ausser den Buchstaben COCCEIVS nichts erkennen; es scheint ein Grabdenkmal zu sein.

Ausser diesen inschriftlichen Denkmälern enthalten noch die Mauern Semendria's folgende inschriftliche Monumente: a) in der innern rechtsseitigen Seitenmauer des Thores des n. 90 bezeichneten Thurmes ist ebenfalls ein Inschriftstein eingemauert, der aber wegen der Verwitterung der Buchstaben und des dieselben bedeckenden Mooses unleserlich ist; b) in der Mauer zwischen demselben Thurme und der südöstlichen Eckbastei ist ein weissmarmorner Votivaltar eingefügt und zwar mit seiner inschriftlichen Hälfte rechtshin an die Mauer, wodurch man die Inschrift nicht sehen kann; c) in der südlichen Seitenmauer des vom Eingang zur inneren Burg vierten Thurmes, unter dem Gesimse ungefähr in der Mitte (aber näher zur linken Ecke) ist ein Inschrift-Votivaltar eingemauert, aber mit der Inschriftseite links nach innen umgedreht.

In Kosztólacz, in dessen Gebiete die grossartigen Ruinen Viminacium's liegen, fand ich bei dem serbischen gr. n. u. Pfarrer Stefa Nikolics, einem eifrigen Sammler der römischen Denkmäler, folgende drei Inschriftsteine:

101. E. E. IV n. 212. Grabstein aus Muschelkalk, 2·36 h., 0·93 br. Revidirt.

D · M ·

Q · HELVIVS · PROBvs

VET · LEG · VIICL ·

VIX · ANN · LIII

5   H · S · E ·

PONTIA OPTATA

CONIVGISVOPI

EN · BEN · MER · POS

Q · HELVIVS OPTATvs

10   P A R SVO PI BENEn

POSVIT

Z. 10 ....pi(entissimo) be(ne) mer(ito).

102. Neu. Grabstein aus Muschelkalk, 0·69 h., 0·57 br.:

```
        o  D  o  M  o
        RVFINA  o
        VALENTIoVIXo
        ANNIS o VIIII ·
    5   MIR o RVF · MAT o
        ET · VAL · GIITI o
        . P · B · M · P ·      ,
```

Z. 5 *Mir(a?) Ruf(ina)* cet.; Z. 6—7 *Val(erius) Giiti* oder *Geti* (*filius*) *p(ater) b(ene) m(eritae) p(osuerunt)*.

103. Neu. Auf der Plinthe einer 0·58 h. ziemlich gut gearbeiteten feinkörnig-weissmarmornen Statue der Nemesis, deren Kopf und Hände fehlen; am linken Fusse der Göttin ist die Figur eines Sphinx angebracht, dessen Kopf abgebrochen ist; mit kleinen Buchstaben:

DEAE SANCTAE NEMESI

Pannonia inferior.
Titel.

Die folgenden fünf Inschriftsteine befanden sich vordem in Titel, wurden aber nach der Auflösung der Militärgrenze durch FML. Baron Scudier dem südungarischen historisch-archaeologischen Vereine geschenkt, in dessen Museum sie sich gegenwärtig befinden. Diese inschriftlichen Denkmäler wurden, wie Mommsen in C. I. L. III p. 420 richtig sagt, ohne Zweifel nicht in Titel, sondern anderswo, und wie es scheint in verschiedenen Gegenden Ungarns gefunden, und es ist nicht unmöglich, dass sie laut Angabe des Priscus noch in Attilas Zeit nach Titel oder dessen Umgegend transportirt wurden (l. c.). Recht eigentlich gehören sie in die Serie der Incertae Nieder-Pannoniens.

104. C. I. L. III n. 6470. 4. Votivaltar aus porösem Kalkstein. 0·94 h., 0·45 br. An der linken Seite Urceus. Revidirt:

```
            I · O · M
            PRO o A. VE RoV
            No MAC AR AN
            ONN AG ET I VLI
    5       AE NG MARSCA
   sic      STo V M // TVS E)
            / VRVS DEC CO
            /SASSIIVL
```

Z. 2 s in o. — *J(ovi) o(ptimo) m(aximo) pro salute redu(ci) Im-p(eratoris) Marc(i) Aur(eli) Antonini Aug(usti) et Juliae* (scil. *Domnae) Aug(ustae) matris castro(r)um, [Lae]tus Eu[..... S]urus dec(urio) co-[l(oniae) A]sassii v(otum) l(ibens) [p(osuit)].* Es ist wahrscheinlich, dass diese *colonia Asassium,* wenn überhaupt meine Lesung richtig ist, mit *Asamum* des Antoninischen Itinerars, *Ansamo* der Notitia, *Ansamon* des Ravennas, *Anasamo* der Peutinger'schen Karte, *Asimo* und *Asema* des Theophylactus identisch ist; demnach hätte uns der überaus wichtige Stein den wirklichen Namen dieser fast unbekannten Colonie Nieder-Moesiens erhalten. Sie lag in der Nähe von Nicopol am Einflusse der Osma in die Donau (C. I. L. III p. 141, 992).

105. C. I. L. III n. 3257. Schön gearbeiteter Sarkophag aus Grünsandstein, 2·06 l., 0·75 h. und 0·88 br. Z. 5 an der eradirten Stelle wurden etwa vier Buchstaben vertilgt. Revidirt:

```
        D · M
    Q · MÆC · DONATI · PAVSAViT·
    ANN · XVI · FILIO · PIENTI
    SSIMO · FECIT ·
5    [////]ARETHVSA·
      MATER
```

106. N e u. Meilenstein aus porösem Muschelkalk, 2·19 h., ober. Durchm. 0·50 und unt. Durchm. 0·46. Es scheint, dass die letzten zwei Zeilen defect gelassen wurden:

```
        I M p. ca ES
      M AVR AN/////////////
      TRÆ POT XV COS II ET     p. C. 161
      IMP CAES L AVR VER
5     AVGTRÆPOTC//II
      DIVI ANTONINI FILI
      DIVI HADRIANI NEPOT
sic   DIVI TAIAN GERMNC·
      PRONEPOT D//I
10    NERVAE ABNEPO/
      A P///////
      I
```

Z. 5 *c[o(n)s(uli)] II; Z. 9 d[iv]i; Z. 11 ab[.... m. p. ..]I.*

Ob C. I. L. III n. 6470. 1 (vgl. mit n. 3737) als Copie dieses Meilensteines genommen werden kann, mag dahingestellt bleiben, höchstens die Gleichheit der Localitäten könnte dafür sprechen.

107. Neu. Meilenstein aus porösem Muschelkalk, 0·96 h., Durchmesser 0·45:

```
        IMP CAES
        M AVREL ANTON
        TRÞ POT XVI COS III ET        p. C. 162
        IMP CAES L AVR VER
     5  VG TRÞ POTEST COS I i
        dIVI ANTONINI FIL
        dIVI ////////NEPOT
        / / / IAN PARHIC
        //////// S DIVI
```

C. I. L. III n. 6470. 3 kann auf Grund der Localitätsgleichheit die äusserst schlechte Copie unserer Nummer sein.

108. Neu. Meilenstein aus ebenfalls porösem Muschelkalk, 2·03 h., ober. Durchm. 0·50, unt. Durchm. 0·41. Die Buchstaben der eradirten Stelle (Z. 3) sind ziemlich erhalten:

```
        IMP CÆS
        M AVR SEVERVS
        ALEXANDER AVG
        PON MX TRÞ POT
     5  VIIII COS III LAP     p. C. 230
        RESTTVIT ÆB AQ
        MP X L
```

C. I. L. III n. 6470. 2 ist vielleicht damit identisch. Die Entfernungen an allen diesen drei Meilensteinen scheinen von Aquincum gerechnet gewesen zu sein (n. 108 gewiss, n. 106 und 107 wahrscheinlich).

Szabadka (Maria-Theresiopel).

109. C. I. L. III n. 3297 nach Marsigli mitgetheilt. Daniel Cornides sagt in einem aus Hermannstadt (Cibinii) vom 18. Mai 1776 an Georg Pray gerichteten Briefe (in der Manuskriptensammlung der Budapester kön. ung. Universitäts-Bibliothek), dass er im Klostergebäude der Franciscaner in Szabadka folgenden römischen Inschriftstein eingemauert gefunden habe:

```
        D · M ·
        AVRELIAVI
        TALIAVIXN
        XVIII · AVREL
  5     MVCA ⁻RA
        VIXAN · XVII ·
        AVRELIA CV
        SAIA V·A·XIIII·
        AVRELIA PRIMI
  10    TIVA MATER IN
        FELICISSIMA· ⁻⁻
        - - - - C - - -
```

Aracs (bei Török-Becse).

110. E. E. IV n. 423. Grabstein aus Kalkstein, 0·84 h., 0·77 br. Gegenwärtig im Besitze des südung. histor.-arch. Vereines in Temesvár. Revidirt:

```
  / / / / ╔CIAIN
  / / / ╱AÑTAÑ XII· E
  FLA · APOLINARI · VIXI        sic
  ANVII' · E FL · MARCELVs
  5  SVIS E SIBI · VIVS s        sic
  POSVIT s
```

Z. 1 2 [....Mar]cian(o) [....]ani, an(norum) XII cet.

Pilis-Szántó (bei Vörösvár).
(C. I. L. III p. 456).

111. Neu. Meilenstein aus Kalkstein; die aus der Erde herausragende Säule ist 2·59 h., Durchm. 0·56. Gegenwärtig neben der röm. kath. Kirche in Pilis-Szántó:

```
        I  MP C Æ S
        MAVREL
        SEVE              sic
        ALEXANDER
  5     PIVS FELIX AVG
        PONTIFEX
        TRB PO
        TESTATIS
             XIII         p. C. 235
  10 sic  EOS III
        ABA
        VI
```

Die römische Strasse von Aquincum nach Brigetio führte von Vörösvár auf dem Gebiete Pilis-Szántó's vorüber, der Stein wurde demnach ganz gewiss in der Gegend von Pilis-Szántó gefunden; die Meilenzahl (m. p. VI) entspricht auch vollkommen der Entfernung von Aquincum, d. i. vom Altofner Castrum der *legio II adiutrix.*

112. Neu. Meilenstein aus Kalkstein, 1·17 h., Durchm. 0·35— 0·39; die Höhe des separat dastehenden Untertheiles 0 67. Ebendaselbst. Der grösste Theil des gewiss bei Pilis-Szántó gefundenen Meilensteines scheint eradirt zu sein, die Erasionen sind aber ziemlich unsichtbar:

IMP CÆS

VERVS

CCOS

T · ET

5   IIAENIANVS

AEAR

VITVS

/////////////

/////////////

10   /////////////

L E G E T

Der Meilenstein nennt ohne Zweifel C Jul. Verus Maximinus und Maximus.

Ziegelinschriften.

I Legio IIII Flavia.

1. **Zsidovin.**

    a) retrograd LEC IIII F · F   *sic*

    b) retrograd /EG IIII F

    c)   LEG IIII F- F   *sic*

    d)   {G · IIII F F

a) und *c)* im Besitze des südungarischen hist.-archaeol. Vereines in Temesvár; *b)* und *d)* in meinem Besitze, für das siebenbürgische Museum in Klausenburg bestimmt.

2. **Szerb-Pozsezsena.**

    a) LEG IIII FF

    b) //////// FF

Im Besitze des südung. hist.-arch. Vereines in Temesvár.

3. Kosztólacz. Retrograd.

LEG IIII FF

Prächtiges Exemplar in dem Fussboden eines Zimmers im Hause des gr. n. u. serbischen Pfarrers Stefa Nikolics in Kosztólacz.

II. Legio VII Claudia.

4. Szerb-Pozsezsena. Kaum sichtbare Buchstaben.

LEG VII C P F

In meinem Besitze, für das siebenbürgische Museum in Klausenburg bestimmt.

5. Ó-Palánka.

LEG VII C₁

leg(ionis) VII C('audiae) p(iae) [f(idelis)].

Durch Schenkung des Herrn Leonhard Böhm in Weisskirchen im Besitze des südungarischen hist.-arch. Vereines in Temesvár.

6. Ráma. Auf drei Imbrices.

LEG VII C P F

Im Besitze des südung. hist.-arch. Vereines in Temesvár. Geschenk des H. Leonhard Böhm in Weisskirchen.

7. Kosztólacz.

LEG VII CL

In vielen Exemplaren in den Fussböden der einzelnen Abtheilungen des Wohnhauses des gr. n. u. serbischen Pfarrers Stefa Nikolics in Kosztólacz.

8. Ebendaher.

LEG V/// CIL   sic

Lädirte Stampiglie der *VII legio Claudia pia fidelis.*

In zwei Exemplaren im Fussboden der im Jahre 1839—1840 gebauten gr. n. u. serbischen Kirche in Ráma, der sonst mit lauter römischen Ziegeln, die aber nicht gestempelt sind, gepflastert ist. Diese Ziegel wurden, wie man versichert, aus Kosztólacz (Viminacium) dorthin gebracht.

9. Ebendaher.

LEG VII CL

In zwei Exemplaren ebendort und ebendaher.

III. Legio XIII Gemina.

10. Karánsebes.

LEG XIII GEM

Nach Angabe der HH. Johann Nemoian und Patricius Dragalina, Professoren an der gr. n. u. Präparandie in Karánsebes, wurde der Ziegel bei dem Baue des Hauses Nr. 175/6 in der Bischofsgasse bei dem Graben des Fundamentes gefunden; er kam in den Besitz des H. Ilia Moaca, ist aber leider verloren gegangen. Wie die genannten Herren versichern, war die Stampiglie ganz rein.

11. **Veczel.**

L E G)(iii *gem.*

ΛЕK ·

Im Besitze des hist. arch. Vereines des Hunyader Comitates in Déva.

12. **Ebendaher.**

L E G XIII G

ΑΝΝΕΙΖΛΤ

ᵛRNINI ᵉ

Gefunden 1881. Vom H. Advokaten Dr. Lazar Petkó in Déva dem hist.-arch. Vereine des Hunyader Comitates allda geschenkt.

13. **Ebendaher.**

◊ L E G X I

IVDEIOT

leg(ionis) XI[II Gem(inae)] Ju(lius) Deiot[arus].

Gefunden 1881. Vom H. Advokaten Dr. Lazar Petkó in Déva dem hist.-arch. Vereine des Hunyader Comitates allda geschenkt.

IV. Legio I Minervia?

14. **Szerb-Pozsezsena.**

ҒGГᴵᴵᵒᴵᶜ   *sic*

Ob nicht [l]eg(ionis) Mi(nerviae) I....?

Im Besitze des südung. hist-arch. Vereines in Temesvár.

V. Alae und Cohortes auxiliariae.

15. **Maros-Keresztúr.** In den Ruinen des im Gebiete von Maros-Keresztúr (in der Nähe von Marosvásárhely) gestandenen römischen Castrum (welches Blasius Orbán im Jahre 1870 im IV. Bande seines Werkes „A Székelyföld leirása" p. 217 bekannt gemacht hat) wurde bei den im Sommer 1882 vom Sectionsrath im k. u. Justizministerium H. Wolfgang v. Deák dort ausgeführten Grabungen ein Ziegel mit folgendem Stempel gefunden:

AL BOS

al(ae) Bos(poranorum)

Im Besitze des H. Wolfgang Deák in Budapest. Dieser Ziegel beweist, dass die *ala Bosporanorum* einst im Maros-Keresztúrer Castrum stationirt gewesen. Dieselbe ala ist noch auf zwei andern dacischen Inschriften genannt: *a*) auf einer Inschrift aus Karlsburg (C. I. L. III n. 1197), welche das Grabdenkmal des *Tutor*, eines Reiters derselben ala (*ex numero Illyricorum*) ist; *b*) auf einer Algyógyer Inschrift (E. E. IV n. 177), auf welcher *Firminus Florentinus* decurio desselben Reitercorps als derjenige erwähnt wird, der die Ara votiva verfertigen liess. Es ist indessen wahrscheinlich, dass der Soldat der ersteren Inschrift nicht in *Apulum* stationirt war, sondern nur dort gestorben; die zweite aber einen im Bade von *Germisara* Heilung suchenden Alarius. C. I. L. III n. 1344 bezeichnet die *ala I Bosporanorum* als zu Veczel (*Micum*) stationirt. Es scheint also, dass die *ala Bosporanorum* und die *ala I Bosporanorum* zwei verschiedene Cavallerie-Abtheilungen waren. Für die erstere kann man Maros-Keresztúr, für die zweite aber unbedingt Veczel als Garnison annehmen.

16. **Vaiszlova**. Incus.

A V I V I

a(lae) Vivi..., oder *a(lae) Um(....)*

Den interessanten Ziegel fand H. Felix Milleker, Lehrer an der städt. Volksschule in Weisskirchen, der 1882 den Ausflug nach Vaiszlova im Bisztrathal, dem einstigen *Pons Augusti* in meiner Gesellschaft machte. Die ziemlich unregelmässig gearbeitete Stampiglie nennt vermuthlich die unbekannte *ala Vivi(orum)*.

17. **Várhely**.

CUIF

c(ohors) IIII F[(lavia)....]

Gefunden 1882 bei den Ausgrabungen im Mithrastempel in Várhely. Im Besitze des hist.-arch. Vereines des Hunyader Comitates in Déva.

18. **Zsuppa**. Incus.

C I V

c(ohors) I U(biorum)

In vier Exemplaren: *a*) drei Stücke in meinem Besitze, für das siebenbürgische Museum in Klausenburg bestimmt; *b*) ein Stück in der Sammlung der gr. n. u. Präparandie in Karánsebes, wohin es durch H. Professor Johann Nemoian kam, der mit mir einen Ausflug nach Zsuppa machte, wo wir diese Ziegeln vorfanden. An diesem letzteren Exemplar weist der Stempel folgende Buchstaben auf:

C I / C I /

es ist selbstverständlich, dass an dieser Stampiglie der dritte Buchstabe v irgendwie lädirt war und dass sie zweimal in den Ziegel
gedrückt wurde.

19. Várhely.

C · I · V

c(ohors) I U(biorum).

In der Sammlung. des gr. kath. Bischofs Victor v. Mihályi in
Lugos (vgl. *Arch. epigr. Mittheilungen aus Oesterreich* I. 124, 23).

Die *cohors I Ubiorum* stationirte sonst in Mehádia (C. I. L.
III n. 1571) und in Székely-Udvarhely (E. E. II n. 472), die *cohors
Ubiorum* wird in einer Karlsburger Inschrift erwähnt (C. I. L. III
n. 1187); dass dieselbe auch in Zsuppa und Várhely in Garnison
lag, ist durch diese und Nr. 18 bewiesen.

20. Vinkovcze.

DEC
IMP

dec(uriae) m(ilitum) P...., oder *dec(uriae) I M(....) P(...)*

Der Ziegel wurde nach Angabe des Joannes Paxy, ord. Fiskals
des Sirmianer Comitates, im Sommer des Jahres 1772 bei den Fun-
damentarbeiten der röm.-kath. Kirche in Vinkovcze gefunden (s.
Pray's *Collectanea* T. XVIII n. 12 in der Manuskriptensammlung
der k. u. Universitätsbibliothek in Budapest).

21. Zsuppa. Incus.

MID

m(ilites) I d(ecuriae)?

In drei Exemplaren: *a)* im Fussboden eines Vorzimmers im
Schlosse des H. Alexander v. Kápra in Zsuppa, der sonst mit un-
gestempelten römischen Ziegeln gepflastert ist; *b)* in der Sammlung
der gr. n. u. Präparandie in Karánsebes, wohin es durch H. Professor Johann Nemoian kam, der 1881 mit mir einen Ausflug nach
Zsuppa machte, wo wir einige Exemplare dieses Ziegels vorfanden;
c) in meinem Besitze, für das siebenbürgische Museum in Klausenburg bestimmt.

VI. Privatziegel.

22. Várhely.

Q · R · B

In der Sammlung des gr. kath. Bischofs Victor v. Mihályi in
Lugos (vgl. *Arch.-epigr. Mittheilungen aus Oesterreich* I. 124, 23).

23. Ebendaher. Incus.

Q.C C

Gefunden 1882 bei den Ausgrabungen im Mithrastempel. Im Besitze des hist.-arch. Vereines des Hunyader Comitates in Déva.

24. Ebendaher.

G · S · V

Gefunden bei denselben Ausgrabungen. Im Besitze desselben Vereines in Déva.

25. Ebendaher. Incus.

I V A L

J(uli) Val(er....)

Gefunden bei den genannten Ausgrabungen. Bei demselben Vereine in Déva.

26. Lesnyek (in der Nähe von Veczel gegen Westen zu).

W

V(aleri) Au(.....)

Gefunden in den Ruinen eines römischen Landhauses. Durch Schenkung des H. Aladár v. Szereday im Besitze des hist.-arch. Vereines des Hunyader Comitates in Déva.

27. Orsova.

ᶦCI VS P·AR

Im Jahre 1876 gefunden. Durch Schenkung des H. Sigismund v. Ormós, Obergespan des Temeser Comitates, im Besitze des süd. ungarischen hist.-archaeol. Vereines in Temesvár.

VII. Eingeritzte Inschriften.

28. Nándor-Válya. Am Platze der am Hotter von Nándor-Válya bestandenen barbarischen Niederlassung wurden schon verschiedene Alterthümer gefunden, jetzt in der Sammlung von Frl. Sophie Torma, der Auffinderin dieser Niederlassung. Auf einem interessanten Steincylinder (s. unten) sind folgende Buchstaben (in natürlicher Grösse) eingeritzt:

144

Diese Einkratzungen stammen wahrscheinlich von einem mit den römischen Schriftzeichen bekannten Barbaren. Nicht unmöglich, dass diese Einkratzung in senkrechter Richtung gelesen in Uncial- (D, B) und Cursivschrift den Namen *Decebal* verewigt. Ich nahm dieses Stück unter die römischen Inschriften auf, damit jene, welche diese Denkmälerclasse verstehen, sich darüber äussern können.

29. Veczel. Eingeritzt an einen runden Ziegel.

G I

G(aius?) J(ulius?)

Gefunden 1881. Vom H. Advokaten Dr. Lazar Petkó in Déva dem hist.-arch. Vereine des Hunyader Comitates allda geschenkt.

30. Várhely. Aus dem Funde, der in den Ruinen des Mithrastempels in Várhely im Jahre 1881 durch den Eigenthümer des Bodens gemacht wurde, kamen zwei Relieftafeln mit Mithras-Darstellung durch H. Dr. Julius Niamessny, Fiscal des Temeser Comitates, in den Besitz des südungarischen hist.-arch. Vereines in Temesvár. Auf der einen der Tafeln, die oben abgerundet ist (0·14— 0·18 h., 0·12½—0·14 br.) befindet sich die gewöhnliche Darstellung des Mithrasopfers, über welcher an dem halbkreisförmigen Saume, der auf dem oberen Theile der Tafel angebracht ist, sieben Altärchen in der Form von sieben Flämmchen oder Blätterchen vorkommen. Auf dem oberen Theile der andern (0·23½ h., 0·30½ br.) Mithrastafel sind diese mystischen Objecte als Altärchen ebenfalls dargestellt. Wie die Siebenzahl der auf Mithras - Darstellungen gewöhnlich vorkommenden Altärchen oder Flämmchen zu deuten ist, mag dahingestellt bleiben. Interessant an der erstgenannten Tafel ist es wohl, wie der Christ, denn ein solcher muss es gewesen sein, in dessen Besitz vielleicht die Tafel kam, an der Repräsentation die Bedeutung dieser heidnisch-heiligen Zahl durch die Anbringung der Monogramme Christi, gewiss durch einen Akt von christlichem Exorcismus zu vertilgen suchte. Er hat nämlich diese Monogramme an verschiedenen Theilen der Darstellung ebenfalls siebenmal eingeritzt, und zwar in folgender Form:

X

namentlich: 1. rechts vom Kopfe des Mithras; 2 links am Halse desselben; 3. an der rechten Achselhöhe desselben unter der Chlamys zweifach angebracht; 4. unter dem rechten Arm des von der Hauptdarstellung rechtsstehenden Jünglings; 5. an der Seite des Stieres, gegen den Hintertheil desselben als x angebracht, und 6. rechts von dem von der Darstellung links stehenden Jüngling am Halse des Stieres. Oder böten diese Monogramme einen weiteren Beweis der häufigen Vermischung von Mithrascult und Christenthum? Die Tafeln zählen zu den interessantesten Mithras-Denkmälern und verdienen, wie auch die übrigen im Museum des hist.-arch. Vereins des Hunyader Comitates aufgestellten Mithras-Denkmäler desselben Fundes (nahe an 250 Stücken) von Sachverständigen einer eingehenden Prüfung unterzogen zu werden.

Lampeninschriften.

31. Unbekannten Fundortes, aber gewiss aus Südungarn.

CRESCE⸱ *sic*

In dem Besitze des südungarischen hist.-arch. Vereines in Temesvár.

32. Zalatna. FAOR

In dem Besitze des H. Béla v. Lukács, Reichstagsabgeordneter in Budapest (s. *Archaeologai Értesítő* XIII (1879) p. 353, vgl. XIV (1880) p. 115).

33. Várhely. FORTIS

In der Sammlung des Bischofs Victor v. Mihályi in Lugos.

34. Veczel. Auf einer braunglasirten Lampe.

IAVA k

Gefunden 1881. Vom H. Advokaten Dr. Lazar Petkó in Déva dem hist.-arch. Vereine allda geschenkt.

35. Orsova. IEGIDI

Durch Schenkung des H. Sigismund v. Ormós, Obergespan des Temeser Comitates im Besitze des südung. hist.-arch. Vereines in Temesvár.

36. Veczel. OPTATI

Gefunden 1881. Vom H. Advokaten Dr. Lazar Petkó in Déva dem hist.-arch. Vereine allda geschenkt.

Budapest, im October 1882. CARL TORMA.